ロバート・D・エルドリッヂ
Robert D. Eldridge

教育不況からの脱出

日本型クォーター制という選択

Japan's Educational Recession and the Path Out of It: Introducing a Quarter System for Japanese Universities and Society as a Whole

晃洋書房

CONTENTS

第四章 研究と教育の両立と社会貢献 ——教員にとってのメリット——

第八章

社会の活性化につながる大学改革
――企業、地方自治体、社会全体にとってのメリット――

159

第九章　大学改革によるソフト・パワーの強化

はじめに――日本の沈滞はいつまで続くのか

✓日本の再生は世界にとっての死活問題でもある

私は一九九〇（平成二）年の夏に初来日し、以来三〇年この国で暮らしてきた。その間、日本では陛下のご退位で「平成」の時代が終わり、多くの国民の期待と祝福の中で新たな今上陛下がご即位されて「令和」と世は改められた。

しかし、平成の時代に山積した課題はまだ残っている。私はアメリカの同盟国、というよりアメリカの大切な友人である日本の、親切で勤勉、かつ本来であれば強い回復力を持つ国民の将来にたえず関心を持っている。日本の歴史・文化などが発信する世界への貢献は誇るべきものだ。内外に日本に絶望する者がいることも承知しているが、世界の多くは日本による啓蒙と指導力にいまだ期待していると信じている。

およそ一六〇年前に始まった日米友好の証は、東日本大震災において強く示された。震災直後から自衛隊員・米兵あわせて一二万人以上が参加した救援活動「トモダチ作戦」が始まったのである。このとき私は当初一二人で構成された在日アメリカ軍の前方司令部の一人として、仙台の自衛隊駐屯地に入った。[1]大変に光栄なことであり、長年にわたる日本生活への恩返しが少しできた気がした。

その二年前、私は勤務する大阪大学大学院国際公共政策研究科（以下ＯＳＩＰＰ）でカリキュラムなどの改革案を提出したが、その全てを無視されて日本の高等教育の将来に絶望していた。幾度も挫折をあじわった結果、民主党を中心とする鳩山由紀夫内閣の誕生から二週間後の二〇〇九年九月二七日に大学を辞し、翌二八日から沖縄県にある在日アメリカ合衆国海兵隊基地司令部の外交政策部に移った（二〇一一年一〇月一日以降、アメリカ海兵隊太平洋基地政務外交部と名称変更）。海兵隊には二〇一五年四月三〇日まで六年弱勤務し、そのさなかで私が二〇〇六年三月に立案していた「トモダチ作戦」の基礎であった提言の実施に携わった。このとき、日米の友好関係はお互いのためだけでなく、地域全体を含めて重要であることを改めて認識した。

その前後、私は日本経済の停滞、少子化・超高齢化社会などに強い関心を持つようになった。人口減少や若者の絶望感は極めて深刻だ。二〇一六年の『高齢社会白書』によると、日本人の約二五・九％は家族以外の親しい付き合いがないという。[2]これは、経済協力開発機構の加盟国の中で最もひどい数字だ。大都市にいる人々は、まだ何が起きているのか実感できていないかもしれない。しかし地方に住む私はその危機感を肌で感じている。

拙著『人口減少と自衛隊』（扶桑社、二〇一九年）でも論じたが、この問題は経済・社会のみならず、地域の安全保障にも影響している。アメリカをはじめ多くの国々は、日本の再生が国際社会の安定と繁栄における死活問題だと考えている。

さらに世界に挑戦している新型コロナウイルスによるグローバルな大不況は、日本の再生に大きな爪痕を残すだろう。しかしこの混乱した時期、このピンチだからこそ、より持続可能でより魅力的な社会が求められている。多くの構造的な問題はコロナ禍以前から存在しており、コロナ禍がそれらを明らかにしただけだ。コロナ禍は世界中を「リセット」させた。日本も再起動する機会だ。大学などの構造的問題を解決するチャンスを逃してはいけない。

✓私を日本へと導いた「輝き」

実をいうと若い頃の私は、日本に特別な関心はなかった。特に当時人口のほとんどがヨーロッパ系であるアメリカ東海岸で生まれ育ったからかもしれない。学生時代はパリに留学してフランス語を学び、欧州連合の研究をしながらなかなか行けなかった東方を含めてヨーロッパ中を旅した。しかし米国バージニア州にあるリンチバーグ大学で留学生と出会う機会があり、その中で大野徹氏という大阪府堺市出身で俳優志望の日本人男性と親しくなった（彼はその後、演技の世界では最も競争が厳しく、そして輝やかしい舞台であるニューヨークで成功することになる）。そんな彼は、私にとって遠い海外から来た「異質なもの」で、私に日本という新しい世界を開いてくれた。

また私が大学生だった一九八〇年代後半の日本は、経済力やビジネス慣習、経営技術、高い義務教育水準、治安の良さなどで、世界中から熱い視線を浴びていた。とりわけアメリカでは、日本を「サクセス・ストーリー」「手本」と好意的に考える人もいれば、「異質」「脅威」と見る意見もあり、「日本叩き」の時代に突入していた。学会でも、日本を高く評価する『ジャパン・アズ・ナンバーワン』から、出版業界でも恐怖を煽る『ザ・カミング・ウォー・ウィズ・ジャパン』まで幅広く刊行された。(3) 映画を含むメディア、政界、知識人らの議論は白熱し、賛否どちらの立場にとっても日本は重要な存在だった。(4)

そうした背景があり、二二歳だった私は単純明快な理由で来日を決めた。かくも激論の対象となる日本を自分の目で見ようと考えたのであった。当初の予定では一年ほど滞在して内側から日本を観察し、その後は帰国して外交官になるか、または中央情報局の分析官などの政府機関で働くつもりだった。来日を助けてくれたのはＪＥＴプログラム（Japan Exchange and Teaching Program）(5)で、文部省（現・文部科学省）、自治省（現・総務省）、外務省が共同した国際教育交流事業だ。これは法務省の協力のもと、自治体国際化協会が運用している。日本の行政が横に連携したすばらしい事例の一つだろう。その数十万人におよぶ修了者の多くは今も日本に住み、あるいは自国や第三の地で日本と関係を持ち、架け橋になっている。

大野氏のような留学生という存在は、ホスト国にとって大きな刺激となるものだ。もし留学生の彼がリンチバーグ大学にいなかったら、私は日本に来なかっただろう。そう考えると、日本の大学も今以上に留学生を受け入れ、より多くの日本の若者に刺激を与え、海外に送り出してほしいと思う。若者たちのためになるだけでなく、影響はその周囲にも及び、ひいては日本と相手国のよりよい未来へとつながる。

私の記憶ではJETプログラムの申請時、三つの希望を尋ねられた。学校の規模、田舎か都市部か、そして希望の地域はどこか。幸いにも私の派遣先は要望通りに「関西の田舎の中学校」と決まり、一九九〇年七月末に初来日した。兵庫県の中央に位置する多可郡中町（現・多可町）の英語指導助手（現在は多言語化に伴いAssistant Language Teacherと呼ばれる）となったのだ。

私が特に興味を抱いたのは、将来日本のリーダーとなる子どもたちが、自分の国や冷戦後の世界をどのように見ているかだった。中町の子どもたちはフレンドリーで好奇心があり、アメリカの同規模の町よりはるかに開かれて国際的だった。私は中町で二年間生活し、今でも当時の住民や同僚と頻繁に連絡しあい、会う機会にも恵まれるほどに親しくなった。そうした交流が、私に日本の人々や文化、歴史に対する深い感銘を与えてくれた。

その後一九九四年四月、私は再び学生として神戸大学大学院法学研究科に進んだ。一九九九年に博士号を取得して、同年大阪でサントリー文化財団の鳥井フェローとなり、二〇〇〇年からは米日財団の研究助成を得て、東京で平和・安全保障研究所の研究員も務めた。この頃に書いた沖縄基地問題に関する論文は、後の政策研究および政策提言において今でも最も引用されるものとなっている。二〇〇一年七月からは、OSIPPに常勤教員として就職した。この前後にも、琉球大学、国際基督教大学、首都大学東京(現・東京都立大学)、北海道大学、法政大学、沖縄国際大学、立命館アジア太平洋大学、名古屋市立大学といった場所で特別研究員や客員教授などを務める機会も得た。

私は当初の疑問の答えを、来日から日を待たずに見つけていた。日本の国力の原点は、人々とその社会であるということだ。勤勉さや真面目さ、礼儀正しさは、日本人を表す形容詞として知られる。また「地域社会(組織)志向」で「助け合いの重視」や「我慢強さ」も特徴だろう。これらの点はもちろん他国にもある。しかし五〇カ国以上を訪問してきた私が知る限り、日本はトップ・クラスだといえる。こうした特徴が一九七〇年代に日本を世界第二位の経済力へと押し上げ、また一九九五年の阪神・淡路大震災、そして二〇一一年の東日本大震災からの復興を可能とした。

日本は世界を必要とするが、実は世界も日本を必要としている。英国BBCと読売新聞が二〇一〇年に三三カ国を対象に「世界に良い影響を与えている国」調査を行っている。そこでは日本への好感度は世界第二位であった。(6)

これらの成功を生んだ日本の社会や組織は世界的に高い評価を受けているが、同時に強い批判の対象ともなってきた。つまり強固な団結は「縦割り」で「閉鎖的・排他的」な社会をもたらし、改ざんや隠蔽を防ぐ透明性に欠け、機動力がなくて融通がきかず、外との連携やアイデアの共有を妨げるという批判であった。これはある意味、当たっているといわざるを得ない。私自身も、日本の官僚、政治家、さらにはビジネスマンや教育者との付き合いでいらだたしい思いをしたことがないといえば嘘になる。抑圧とイデオロギーこそないものの、旧ソ連の非効率性と無関心に似ていると感じることも多い。かつての日本人と比べ、現代日本人はファイティング・スピリットが著しく欠けてしまっているかのようだ。

✔自信を失った日本

一九九〇年代初めまでの日本は、経済的成功により自信に満ち溢れていた（それを傲慢だったと述べる人もいる）。しかしその後「バブル経済」の破綻、湾岸危機における「小切手外交」への批判の高まり、オウム真理教によるテロ犯罪、政治・官僚のスキャンダルなど社会問題の多発、そして私自身も神戸大学の院生として体験した阪神・淡路大震災があり、かつて変革や危機への対処に優れていた日本が、その活力も気力も失ってしまったことは周知の事実である。

その結果、国際社会の目に映る日本のイメージはかげり、それが日本国内にも反映して「自信不況」ともいうべき状況をもたらした。そして現在、保守系政治家や評論家による反論をよそに、日本はいまだ輝きを取り戻していない。きわめて残念なことに、現在の日本では多くの人材が使い捨てにされている。従業員は記録的な数で仕事を辞め、職場を原因とするうつ病や自殺などの問題が増加し、社会全体に悪影響を与えている。日本の一七〜一九歳の一〇〇〇名を対象に行った調査で、「自分の国の将来は良くなる」と答えた若者が九・六%しかいなかったの(7)は象徴的だろう。この数は調査した九カ国の中で最低の数字だ。新型コロナはさらにダメージをあたえるだろう。

改元した二〇一九年、平成をふりかえったテレビ番組が映し出したのは、事件や災害が中心であった。日本では一九九六年から二〇一一年にかけて、毎年三万人以上の主に男性が自ら命を絶った。[8]その数は徐々に減少し、二〇一八年には二万人ほどになっている。しかし一九歳以下の自殺者は逆に増えており、[9]若者たちの死因の第一位が自殺になってしまった。少子化を考えると、これは社会全体にとって深刻な問題だ。日本はこれ以上、いたずらに人を失うわけにいかない。長年にわたる平成不況で、日本企業は人を解雇したり、アルバイトや限られた契約社員としての雇用を増やした。そして現在は一五人必要とする仕事でも一〇人しか人員を割けないような状況に陥っており、企業は労働者の質を求めて競うようになっている。教育は依然として流動的であり、政策は中途半端かつ不十分で、変化する政治情勢に左右されている。日本政府は留学生を引き付けようと努力しているが、留学生はそんな日本の姿勢を真剣には受け止めていないようだ。[10]

国際世論調査も暗い絵を描いている。二〇〇七年、スイスに本拠を置く国際経営開発研究所の国際競争力ランキングで、日本は初めて中国を下回った。[11]さらにフォーブス誌が二〇一一年に公表したアジア上場企業トップ五〇社の名簿からは、日本企業が初めて漏れてしまった。[12]代わってトップに立ったのは中国である。

この結果をもたらしたのは、日本の「失われた一〇年」だ（実際には二〇年に及んだが）。[13]もちろん人口と国土面積ではるかに勝る中国が日本を上回るのは、予想外のことではない。ただし日本の重要な外交ツールである海外開発援助の長年の減少や、国際レベルで見たときの高等教育の沈下など、他分野のデータも日本の地位低下を示唆している。日本が「ソフト・パワー」を失い、世界への文化的・思想的影響力を減少させるにつれ、日本の見解を効果的に発信する力も弱まり、日本の言い分に耳を傾ける聴衆を得る力も衰えていく。この状況は、自国に有利な国際環境を形成するのに決定的な悪影響を及ぼす(14)。

日本のソフト・パワーやブランディングを高く見積もる人もいるが、現実は異なる。領土問題、歴史（解釈）問題などで、日本の立場が容易に受け入れられない雰囲気がある。

日本の多くの識者は、日本が自信過剰から一転して自信喪失に陥った主な理由を「経済の失速」だと考えている。その論理に基づけば、日本が一九八〇年代のような経済力を回復すれば状況が全て好転することになる。長い景気後退は、日本の国際的地位を低下させた一因ではあるだろう。しかし私は、日本の大学の質の悪さも大きな要因だと考えている。経済的な不振より、大学の不振つまり、「教育不況」の方が問題といってもよい。なぜなら、大学は経済を躍進させる人材、研究やアイデアを生む場所であるはずだからだ。

コロナ禍がなくても二〇二〇年も下降傾向は変わらず、安倍政権は外交課題をはじめ、教育の改善や充実、日本の持続可能な未来のための重要な柱である女性のエンパワーメントなどに取り組んでいる。しかし「一生懸命働く」のと「賢く働く」のは異なる。安倍政権は多くの機会を逃し、問題の適切な定義さえできていないのではないか。例えば外国人労働者の受け入れ拡大では、移民政策について穏やかで安定し一貫したアプローチを提唱した「坂中論文」[15]が一九七〇年代からあったにもかかわらず、諸課題を残したままの法整備となった。安倍政権の方針は部分的にしか考え抜かれておらず、成功もまた部分的に過ぎない。一時的な救済はスパイスのようなもので、風味を向上させるが、元の品質を変えることはできない。

✔立ち遅れている日本の大学教育

そこで本書では、日本の大学が潜在能力を十分に発揮できず、社会を牽引できずにいる問題を論じたい。人材育成、新しいアイデアの養成、日本と国際社会の連携促進など、教育と大学の役割はこれまで以上に重要で、日本が新しい世界で生き残る可能性を高めるだろう。

新しい世界では、情報や知識だけでなく、人もアイデアも学際的連携やコラボレーションを通して進化する。大学は、人々が生産的かつ有益に社会とつながる主な手段となりうる。大学は地域社会の文化と学習の中心地として、教育や仕事を行う場所として、産官学の連携拠点として、あるいはさらなる教育・研究を行う場所として、若者だけでなく全ての人の生活において重要な場所であるべきだ。しかし現状で日本のほとんどの大学は、社会的・知的・経済的な可能性を活かせていない。またその役割を真に理解している大学もあまりない。なぜなら地域社会とのつながりがうすいからだ。

東日本大震災への対応で特に明らかになったのは、人のみならず、組織や地域との関係の重要性だ。深く広範なネットワークの構築には時間がかかる。大学は世代、分野、文化、社会・経済的背景、地理的な違いや格差を超え、これらの関係を実現する理想的な場となりうる。しかし現状、日本の大学が提供しているのは限られたネットワークでしかない。大学関係者のほとんどが外部と連携しないからだ（学内連携でさえきわめてうすい）[16]。例えば沖縄などの大学では、政府への不信感、自衛隊や米軍への憎悪といったイデオロギーが国の将来のためのネットワーク作りを阻害している。日本全国のほぼ全ての大学でも、重要な軍事関連の研究は妨げられている。

大学は、より大きな交流の場にならず、現状維持あるいは最小限の変化にのみ満足する保守的、保護的、封建的な場所になってはいないか。少なくとも、学生や社会に十分なサービスを提供しているとはいいがたい。大学を根本的に改革しなければ、国内外の課題への対応能力はさらに伸び悩んでしまう。日本が歩むべき道は明らかで、もはや時間的猶予はない。急速にグローバル化する世界で国家的問題に対応するには、時間がかかりすぎるうえに妥協的でもある意思決定へのアプローチはやめるべきだ。

一部の読者は、日本の高等教育システムの象徴として、東京大学が一時はアジアのナンバーワンの大学だったことを指摘するかもしれない。しかし中央政府から渡される予算と、またアジア最大の都市で経済・政治・メディアの中心という立地を念頭におけば、東大は常にアジアのトップ・スクールでなければおかしい。二〇一三年当時に滋賀大学学長であった佐和隆光氏は『英タイムズ』

紙の「タイムズ・ハイアー・エデュケーション」で、東大がアジア第一位（世界二七位）、シンガポール国立大学がアジア第二位（世界第二九位）とされたことを見て「近く東京大学を追い越すだろう」と述べた。(17)この予言は二〇一六年に的中した。日本の乏しい地位は一つの調査に限定されない。イギリスの大学評価機関クアクアレリ・シモンズ社による「ＱＳアジア大学ランキング二〇一八」では、トップ一〇〇に日本の大学は一六校しか入っていない。人口がより少ない韓国が一六校、台湾が一六校、香港七校、中国では二三校が入っているのにもかかわらずだ。ここでわかるのは、日本の経済力と人口が高等教育の質に反映されていないということだ。

✔日本のこれまでの大学改革

二〇一三年から東京大学は、新入生が一年間の計画書を提出して世界を知る、東大版ギャップ・イヤー・プログラムといえる「ＦＬＹプログラム（初年次長期自主活動プログラム）」を導入した（新型コロナウイルスの感染拡大を受け、二〇二〇年度は全面的に中止となった）。これをもって大学改革が進んでいるという人がいる。(18)しかしこのプログラムは最終的に、教育・研究や学習環境への難しい改革を必要としなかった。いいかえれば、学校ではなく学生に負担を強いるものだった。学生がギャップ・イヤーで得た経験や知識は、学生本人の責任で勝ち取ったものであり、大学が自慢できることではない。

また東京大学が導入したもう一つの「改革」は、秋入学とクォーター制（四学期制）であった。二〇一二年に一度は断念した（筆者が長年呼びかけてきた、本書の主要テーマである）クォーター制の運用が二〇一五年度より始まっているが、あくまでそれは秋入学で失敗した場合の妥協案としてだ。要するに東京大学は、クォーター制の真の可能性を十分に認識していないようだ。例えば二〇一九年度の東京大学の学部別授業日程[19]を見ると、「S2」と「A2」の授業終了や春季休業がバラバラで、これでは休暇期間を十分に活用できず、教員・職員は安心して（特に長期の）計画を立てることはできない。

他大学も、学年の始まりを春から秋にシフトすることに関心を示している。私の義兄や友人・知人が卒業し、また数名の先輩・後輩が教壇に立っている早稲田大学は二〇一三年、一部の授業にクォーター制を導入[20]したが、その可能性を活かしきれていない。私がある先輩より聞いた言葉は以下の通りである。

「ここでは確かにクォーター制を導入したが、まだ主はセメスター制にある。クォーター制は広く利用されていないし、私もまだ利用したことはない。周囲では、クォーター制は講義回数が少なく、うまくまとめきれないという印象が強いようだ。導入にあたっては講義を早く終えて海外に出やすいともいわれたのだが、まだその恩恵を感じている教員は少ないように思う」

また、別の先輩からは次の感想を得た。

「早稲田は国際教養学部のようにクォーター制が主体のところと、政治経済学部のように教員ごとの裁量で自分の授業をクォーター制にしてよいところが混在している。中には大教室授業などをクォーター制にし、研究出張や論文執筆の時間を捻出しようとされている先生方もいる。ただ私の周辺（政治学系、国際関係）ではほとんど聞かない。クォーター制にしたくても内容面で短期集中の詰め込みにふさわしくないものや、ゼミや大学院などの少人数クラスのように継続的・定期的に指導した方が良いものがあり、自分の授業で両制度を混ぜると結局は時間捻出にはつながらないためだ。また学生もクォーター制に慣れておらず、他のセメスター制授業との重複履修は難しい現状がある。こういったわけで雰囲気が変わる、というところまでは残念ながらいっていない印象だ」

ただし、国際化に向けた高等教育への新しいアプローチのパイオニアである秋田国際大学のように、故・中島峰雄学長とアドバイザーのグレゴリー・クラーク博士の努力のおかげで特別な入学プログラムを既に導入している大学もある(21)。それらの取り組みはありがたいが、国内外約三〇〇の大学を対象とした広範な調査や訪問を踏まえると、日本全体がよりやりがいのある学習環境を作り出す重要課題に取り組んでいるとは特に感じられない。大学がこれまでのやり方を変えるという挑戦をしているのは間違いないが、世界という舞台をリードできる存在にはまだほど遠い。

私がこの本で提言するのは、大学の改革・再生ビジョンだ。それが「日本型クォーター制（ジャパン・クォーター・システム：JQS）」であり、学生・教員・職員の可能性を最大限に引き出し、大学と地域社会の完全統合を可能とする。このビジョンが若者も高齢者も、男性も女性も、健常者もいわゆる障がい者も、日本人も日本に住む諸外国人も、誰もがそれぞれの潜在能力を解き放ち、日本社会全体を再生させることにつながると信じている。

これまでにも大学改革について論じた論文や書籍は多く発表されている。しかし本書が掲げるのは総合的な議論であり、大きな文脈で大学が社会全体に関わっているという事実を明確にする。大学での研究と教育は、政策、研究、開発、国際貢献、経済競争に影響しており、その改革は国家全体の現在と将来に深く関わる。

かつて私は、グローバルな知的プレーヤーとしての能力を高めるための大学改革を試みた。しかしその全ては妨害され、日本の将来に対する完全な挫折と絶望から、私は大学を辞任した。そして妻と二人の子どもの故郷である日本を嫌うようになった。同僚であった他の外国人常任教員も、時を前後して大学を去っていった。

実はこれらの「失望」を抱いているのは、学生も同じかもしれない。私が気づいたのは、四月下旬から五月上旬にかけての学生の変化であった。四月から始まる新学期の最初の数週間、学生たちには集中力があり、積極的で礼儀正しかった。しかしゴールデンウィークをすぎると、彼らは完全に異なる人々のように見えた。勉強や学校に無関心で、キャンパス内をまるでゾンビのように歩くのだ。私が大学を辞して六年あまりがすぎた二〇一五年、副学長になった元同僚に出張で戻っていた関西においてのシンポジウムで会う機会があった。彼はこう教えてくれた。

「ロブ（ロバートの愛称）、君が昔提言したものを、ようやく議論するようになったよ」

しかしその間に失われた教員や職員、卒業した学生たちの数を考えると悲しくなる。

✔日本再生への具体的ビジョン

本書は、単に大学改革を論じる本ではない。大学と日本社会の両者が直面している問題を包括的に検討する。つまり日本の活性化につながる大学と地域社会が根本的な相互交流を行うための変革方法を論じるのである。大学を社会から分断しているさまざまな壁を取り払うための試みだ。また私が読者に理解していただきたいのは、私が日本にとっての「最善」を願うことである。私が日本の大学を批判するのは、決して日本の文化や社会に対する評価が低いからではない。

私が日本に抱く敬意は、間近で見た三・一一の大災害を踏まえてさらに高く深いものとなった。私が大学に必要な改革を指摘するのは、日本への感謝の気持ちによるものだ。人口減少、予算・財源の縮小、オンライン教育やテレワークの機会増加、国際競争の激化、国際地位の低下など、日本の大学はこの数年間でさらなる危機に直面するだろう。一部の大学は、既に危機を乗り越えるための措置をとろうとしているかもしれない。しかし大学を維持するだけでなく、社会の主導的な力として再浮上させ、その過程で日本を変革しうる実行可能な計画は、誰も提示できていない。そこで私が本書で示すのは、日本の再生に向けた具体的なビジョンである。自分の子どもたちを入学させたいと思える大学制度を必ず日本に誕生させると決意している。この構想が日本に新たな工夫、協力、連携を名実ともに大切にする社会をもたらし、国際社会に大きく貢献できる方策になると信じている。

執筆にあたって念頭に置いたのは、教育現場の同僚、大学職員、学部生、大学院生、研究者、政策立案者、政治家、経営者、会社員、非政府組織（NGO）や非営利組織（NPO）の代表者、教師、地方公務員、自衛隊関係者、ジャーナリストたちに読まれることだった。しかし何よりも、構想実現への貢献者となる将来の学生に読んでもらいたいと考えている。

また子どもをもつ親・保護者にも読んでほしい。多くの保護者が、私と同じ希望を抱いているはずだからだ。つまり、子どもたちに「最高の教育」を受けさせたい、子どもたちの可能性を最大限に引き出し、夢を実現させてくれるダイナミックな社会であってほしいという願いである。地域の方々も読んでほしい。地域社会は頭脳の流出、若者の流出を止める必要があるからだ。その方法の一つは、地域と大学との関係を深化させることだ。地方自治体と大学は生き残るためにお互いを必要としている。すぐにその連携を強化してほしい。

二〇一一年に元・アメリカ国務省日本部長のケビン・メア氏が著した『決断できない日本』のよ

うなものも含めて、日本に批判的な本はいくつか出版されている。一部には、日本が立ち上がらないよう叩き続ける意図をもったものもある。本書で私が論じるのは、やや厳しいかもしれないが、建設的な批判のつもりだ。

重要なことは、大学改革をはじめ、日本の再生や日本社会における大学の役割と機能について、具体的な対策を提示したことである。日本本来の良いものを活かし、国際的視点を欠いている弱点を改善する試みだ。ぜひとも日本の皆さんには、この新しいアイデアに心を開いて、詳細に後述するようにこの提言に取り掛かってほしいと願っている。

第一章　社会の中心としての大学

「将来の無教育の人とは、読み書きのできない人ではなく、学ぶことも、学んだことを捨てることも、また学び直すこともできない人のことだ。」

――アルヴィン・トフラー（一九二八―二〇一六）

✔日本の大学の問題と、社会における責任

もしあなたが日本の大学の現状に満足している、あるいは社会や経済の活力に大学との関連性はないと考えるなら、本書は読むに値しない。

大学解体や高等教育への新しいアプローチのあり方を訴えているアンヤ・カメネツやジェフリー・セリンゴの両氏のように、情報通信技術の発展によるオンライン教育を念頭に、物理的なキャンパスを持つ大学の意義は失われつつあると主張する人もいる。[22] もちろんオンライン教育や通信教育、遠隔教育は、時間的・財政的な制約の中で学習者のニーズや興味に対応する柔軟性という面で大きなメリットがあり、新型コロナウイルスの感染拡大のような事態にあたっては欠かせない手段となりつつある。しかし歴史的に見て、大学は多分野で自由な思索や学究の中枢を担ってきた物理的な場所でもある。全てをオンラインで完了させることはできない。Zoom Fatigue という言葉が流行っているほど、テレビ会議ばかりの交流には限界がある。大学は人々を集合させ、知的な友好と交流を促す場である。伝統的な大学のキャンパスには、優秀な研究者や学生を磁石のように引き寄せる力があるのだ。つまり大学は適切に使命を果たすことで、アイデアのファシリテーターとなり、地域社会と個人が成功するためのインキュベーターとなりうる。

二〇〇八年の『大学はなぜ必要か』（ＮＴＴ出版）では、大学が提供する個性的なサービスが紹介

されていた。大学は日本の若者（および、まだ数は限られているが修士号や博士号を取得する、あるいはさらなる教育・研修のために大学に戻った社会人）に、より高度で専門的な教育を提供する。また多様な人文科学、自然科学、その他の研究を行う場として機能する。民間との共同事業についても、ようやく日本も取り組みが本格化してきた。このことは、文化的・人種的・社会的に多様性のある社会ではとても重要なことだ[23]。アメリカでは、大学は国家のソフト・パワーの中枢の一つであり、経済的なダイナミズムと成功の根源として機能してきた。重要なのは、エリートかノンエリートかなど関係なく、あらゆる場所で発展・複雑化する社会のニーズを、大学が正しく追いかけているかどうかだ。

一般的に改革が遅れている大学は共通して、無関心、無知、無寛容のいずれかに問題がある。残念ながら日本の高等教育の現状は、社会のニーズと大学が提供しうるもののギャップが拡大している。かつてそうではなかったはずだが、現在は潜在的な可能性を発揮していない。

また日本では、大学は公然と受験戦争を生き延びた若者たちの「四年間の遊び場」と見られている。実は、少なからぬ教員にとっても遊び場でしかない。彼らは教えるふりをし、学生たちは学ぶふりをしている。その証拠に、彼らの卒業は基本的に保証され、就職先は一年近く前から内定という形で決まっているではないか！　四年間で社交の中心となるのはクラブやサークルなどで、その生活が大学が提供する教育よりも強調される。大学時代の指導教官の名前さえ覚えていない人が一人や二人でないことにひどく驚いたが、大学との関わりがその程度でしかなかったのだろう。教員はそれで構わないと考えている。自分の仕事が減り、ベビーシッターをしなくて済むからだ。

これまで直接関係した一〇校ほどの日本の大学は国立・公立・私立の別なく、本来できること、すべきことの大きさに比べて社会的意義が無念にも小さいと強く感じてきた。潜在能力を十分に活用せず、経済や国家財政の大きな負担になっている可能性さえある。[24] 日本の大学は、彼らを直接的・間接的に支える納税者に対し、十分な説明責任を果たしてこなかった。世論においても大学が「変革の主体」ではなく、「改革される対象」ととらえられていることは大変残念な状況だろう。

✔国家を前進させる大学

私が二〇一四年より客員研究員を務めている中曽根康弘世界平和研究所（旧・世界平和研究所）は、二〇一一年五月にまとめた『教育改革草案』において、日本の高等教育の現状を「惨憺たるものがある」と指摘し、持続不可能とまで結論づけた。[25] まず少子化により、若い学生の数が少なくなっている。さらに一般家庭が子どもに高等教育を受けさせる経済的余裕を失い、進学せずアルバイトをする者が増えている。日本社会には「ビッグ・バン」を必要とするセクターがいくつかあるが、その一つが大学なのだ。私は、日本の大学が日本社会や国際社会全体の利益を考え、もっと意義ある存在になれると考えている。日本の人々が能力を伸ばし、急速に拡大するグローバルなコラボレーション・ネットワークの一員となることが望ましい。世界は進化しているし、一部はより迅速かつ流動的に変化している。前述したように、コロナ問題は改革促進の絶好のチャンスだろう。特に大学の大幅な整理・縮小・統合はいずれ必要となる。早期にそれらの調査や打診をすべきだし、カリキュラムや授業の提供方法も抜本的に見直さなければならない。また、コロナ問題を事前に想定した大学運営者がどれほどいただろうか。コロナ問題は世界の将来像やそれらが大学にもたらす影響について、学際的に議論するいい機会となった。

例えば、日本の隣国であり互いに見合ったライバルでもある中国は、二〇一〇年にGDP（名目）世界第二位の経済大国となった。[26] 国際比較データのほとんどによれば、中国には日本より優れた大学が多いという。少なくともクアクアレリ・シモンズの調査によれば、二〇〇九年の段階で中国は世界トップ五〇大学に、日本よりも多くを送り込んでいた。日本は二〇一〇年の同じ調査でリードを取り戻したが、その後リードを失った。

つまり、思想や言論の自由をはじめとする人権を保証せず世界の規範を守れない中国の方が、アジアで最も古く安定した民主主義国家である経済的に余裕のあった日本よりも優れた大学を作っていることになる。ランキング自体に疑問を持つ人もいるだろうが、中国がいわゆる「グレート・ファイアウォール」でインターネットの自由を制約しながら、経済・軍事・教育のいくつかで日本を上回っていることは確かだ。これらの結果は、日本の教育システムが内外の変化に比べて遅れをとり、過去の改革も小手先の誤った方法であったことを明確にしている。高度経済成長やバブル時代に、数ではなく大学の質向上に力を入れてこなかったことを、日本は反省しなければならない。

中国の「グレート・ファイアウォール」は、彼らを真に偉大でリベラルな教育超大国にすることを妨げる壁ではある。しかし日本にも大きな壁がある。それは不安と無関心という名の壁だ。私たちは長年、大学の基準低下を認めつつ、低い質にあることを許してきた。変化を恐れ、表面的な調整に終始してきた日本の大学が考えるハードル設定は、あまりに低すぎる。必要最小限を良しとするミニマリスト的アプローチは、大学が改革によって再生され、社会との関係が変わった暁にこそ適用できる基準である。

数年前、フォーブス誌発行人スティーブ・フォーブス氏は次のように書いた。

「日本は九〇年代の不況から全く回復していない。その『適合文化』は多くの場合、起業家精神を助けない。失敗は大きな社会的汚名になるからだ(27)」

日本では難しい決断を先送りにすることが多く、なかなか決定を下さない。そして規定や事務処理は、これまで以上に官僚的になっている。現在の日本は少子化・超高齢化という双子の問題による人口減少の中で、地方創生への取り組みでも遅れに直面している。その間、問題はさらに悪化した。日本が沈滞する現状をもたらしたのは、現代化も国際化も進まない教育システムが元凶とまではいわないが、一因ではあるだろう。大学は国家を前進させる重要なセクターである。しかし同時に国家を失速させ、発展を阻むこともあるのだ。

私が選手あるいはコーチとして関わってきたサッカーでたとえると、社会はピッチ上のゲームであり、日本の大学はベンチのようなものだ。学生はゲーム（社会）に参加できず、最高の選手やコーチ（つまり良い教育者、メンター、イノベーター）と真の交流ができないようになっている。交わりが自分のベンチ（大学）に限られているため、本当の挑戦はできないし、インスピレーションも受けられない。

経済学の理論に、一九三一年に一橋大学の前身である東京商科大学招聘教授も務めたモラビア生まれのジョセフ・シュンペーターが唱えた「創造的破壊」がある。この概念はビジネスや産業界で多く使われるが、大学の問題にも非常に有効だ。実際、多くの才能、よりエキサイティングなアイデアと研究は、学外にある方が多い。学生・教員・職員は損害を被っているのだ。大学は壁を取り壊して自らを外に開き、社会に還元しなければならない。今生まれる子どもたちは二二世紀まで生きるだろう。その頃には、まだ働いている人もいるかもしれない。すると彼らが受ける教育は、二二世紀の日本にも役立つものでなくてはならない。

ここで改めて指摘しておかねばならないが、私は日本の大学に卓越した教員、職員がいることを十分に認識している。彼らは大学や学生、そして広く地域社会のために全力を注いでいる。しかし現状の多くは、学部は上意下達で自らの利益を優先させ、教員は互いに疑心暗鬼となり、大学全体の利益に無関心である。その偏見の多くは、学生にも引き継がれている。お互いをパートナーではなく敵と見なす関係は、次世代にも引き継がれ派閥対立が続く。なお「教員」とはいうものの、諸橋が指摘するようにどちらかといえば「研究者」であり、「教育者」や「経営者」ではない(28)。

また日本の行政組織や大学では、往々にして「現状維持」が最終目標と化している。通常と異なるものを恐れ、「前例がない」という理由を公然と示して何もしないことが多い。残念ながら、急速に進展する世界では、常に将来像を描く必要がある。もちろん先頭に立つのは勇気を要する。しかし前例がないなら作らなければならない。大学は政府の指示や指導を待つのではなく、政府が大学からアイデアをもらうようでなければならないのだ。

ナイキ社の「とにかくやれ（Just Do It.）」という企業スローガンは有名だ。悲しいことに、私は日本がこれまで数えきれないほど多くの機会を失っているさまを見てきた。「やらない（Won't Do It.）」は日本のスローガンといえる。もう日本にはゆっくりしている時間がないにもかかわらずだ。

✔大学に「偉大な学び」を取り戻そう

かつて私がＯＳＩＰＰで開発した新しい授業には、防衛省大阪地方連絡室（現・大阪地方協力本部）、あるいは読売新聞社と連携したものがあった。

その授業では常に新しい課題に取り組み、インタラクティブで、外部の組織、講師、見学者、そして院生にさまざまな学びを要求した。このとき私は院生に対し、常にプロフェッショナルとしてふさわしい装いと行動をとるよう促した。なぜなら彼らは単なる「学生」ではなく、私のオフィスや教室で将来の雇用主や取引先に出会うかもしれなかったからだ。また大人として扱うことで、彼らのモチベーションやプロフェッショナリズムのレベルが上がることも期待していた。

インターンシップやリーダーシップ・プログラムでは、例えば元首相たちへの聞き取り調査などを行い、コラボレーションや独創的、実証的、現場の研究を重視した。論文やエッセイの出版、学会などのような会議、政策提言の記者会見といった発表の機会を学生（院生）のためにつくった。私の目的は教室（または私のオフィス）を外の世界とリンクさせることであった。それらの経験から、私はまだ大学に社会全体を変革させる力があるという希望を捨てずにいる。

大学の力が社会の発展を支えた一例をあげよう。第二次世界大戦後、アメリカでは復員兵援護法（G.I. Bill）の一環として、兵士に大学で学ぶ機会を提供した。戦前、アメリカの大学生はわずか一二五万人だったが、復員兵援護法の下では、退役軍人一六〇〇万人のほぼ半数が政府奨学金を得て進学した。[29] 歴史家セオドア・ホワイトは *America in Search of Itself* で、「彼ら（復員兵）はアメリカの生活、文化、そして政治をも根本的に変えた」と評価している。[30] 復員兵が国の変化を推進したとすれば、大学は手段として機能したといえる。

今日、移民を含むアメリカ人の多くが、自身を改善するために情報化された環境で勉強しなおしている。コミュニティ・カレッジ（後述）や通信教育・遠隔教育、また専門研究の短期集中講座やエグゼクティブ・プログラムなどが重要な役割を果たしている。ただし残念なことに、アメリカの大学で勉強するコストは劇的に増加している。ローンの返済で苦しんでいる人々が多い。

日本で学生の定員割れに悩む大学は、アメリカ人学生を引き込むための努力をすべきだ。アメリカと比べて安い学費で通えると分かれば、多くの私費留学生がアメリカからやって来る。さらに彼らが卒業後に日本の地元企業で働くことを奨励すれば、地方大学は優秀な人材を地域に提供して、社会に一層大きな貢献ができる。日本の現代史にも、大学の貢献は大きい。一九世紀には西洋に追いつくことを目指し、また第二次大戦後は教育を受けたホワイトカラーの供給によって経済発展に一役買った。

私は、二〇一九年一二月に熊本県立大学に赴いた際、大学関係者にアメリカから留学生をひろく募集することを提案した。しかしその反応は否定的で、とくに日本語教育の問題や英語での授業実施の困難などを理由に、後ろ向きな回答しか得られなかった。

私が最初に本書の草稿を書いたのは、客員准教授として北海道大学に赴いた時だった。その広大で緑あふれる美しいキャンパスを歩いたとき、一四〇年前の札幌農学校から続くこの大学が日本全体の発展に果たした役割と、その実績が育んだ誇りを感じた。同様の役割は、東京大学、慶應義塾大学、早稲田大学などをはじめ、全国各地の大学が担ってきた。札幌農学校の初代教頭ウィリアム・クラークの言葉を借りれば、日本は今一度「大志」を抱かなければならない。明治初期のように、新しいアイデアに再び胸襟を開き、近代化の時代以上の教育革命を起こす必要がある。

実は、日本の大学教育が世界の各方面から冷笑されていることをご存じだろうか。アメリカの大学で教鞭をとる日本人教授の一人は、日本の現状を「ひどい」と批判した。[31] ノーベル生理学・医学賞を受賞した山中伸弥教授は、授賞が決定して初めての講演で「研究投資をあまりしない日本では、いい研究が行われても、それを応用できない」と指摘していた。[32] アメリカで最も有名なアジア関係の記者で、ニューヨーク・タイムズ紙の香港・北京・東京の各支局長を務めたニコラス・クリストフ氏もまた、「三流である日本の大学が日本の名を汚している」とまで述べている。[33] あまりに長い間、日本の大学は官僚的で創造力に欠け、文部科学省からガイドラインや指示を受けるだけの「末端」に甘んじてきた。しかし、その名のごとく「偉大な（大）」「学び（学）」という意味を取り戻す時が来たのだ。

協力や連携を強化するには、トップダウンという垂直方向だけでなく、水平方向や斜めのつながりも必要である。最も重要なのは、自発的であることだ。コラボレーションや多方向の連携は、企業、組織、芸術、文化、科学、技術の成長を加速させる。[34] 大学は社会の最先端あるいは中心部へ進出し、「卒業する場所」だけではなく「行くべき場所」となる必要があるのだ。しかし現状では、日本の大学の多くは直面する問題に対応できず、その準備もない。特に社会科学の分野で顕著だと感じている。つぎ込まれた時間、お金、人材、その他の資源と成果が割に合っていない。効率を悪くする構造的制約、動機づけの欠如、士気の低さ、経営陣の戦略やビジョンのなさが、教育の質や研究能力を損ねている。

その象徴の一つが、意味のない会議だ。結論が出ない会議でさえ事前のシナリオ通りで慣例を踏襲し、専門的な知識やアイデアを共有するオープンな場にならない。校舎を塗り替え、タイルを張り替えて外見を最新のごとくつくろい、減少する若者の気を引こうとしているが、その知的な構造基盤は脆弱なままだ。言い替えれば、その姿は嵐の海で沈もうとしている船のようなものだ。乗員のほとんどが自分の部屋に入り、嵐に注意を払っていない。どれだけ「タイタニック号のデッキチェアを再配置」したところで、沈没を防ぐ手立てにはならないのだ。

日本では、しばしば「改革」というと森林ではなく木々を見る。多くの政策が提案されるが、政策と戦略は同じではない。政策は、肥沃で吸収性の高い地面となる哲学がなければ、根付かない。哲学がないと、政策は政権交代のような嵐が起こるたびに洗い流される。森をつらぬく道がなければ、我々は木から木をたどって暗い森の奥へ迷い込み、抜け出す方法を見失うだけだ。

✓包括的なビジョン、あるいは明確な答えの提示

何をおいても最重要なのは、ビジョンと戦略である。日本の大学研究の質と量は、日本がもつ本来の能力とかけ離れている。これはあまりにも残念な状況だ。なぜなら、私は日本で良質な研究が行われていることを知っているからだ。すばらしい研究があったとしても、海外にその成果を発表する研究者が少なく、結局広く共有されない。結果として世界の「思想の市場」における日本の知的貢献は縮小し、ソフト・パワーの将来性は損なわれ、可能な政策的処方箋も必然的に限定される。

日本の人口は世界の約一・五％にすぎず、海外の一部地域に住む高齢の日系コミュニティ、ある

いは日本語を勉強する若者をのぞいて、日本語でコミュニケーションできる人はほとんどいない。そんな世界では、重要なアイデアは英語で発信する必要がある。海外で広く使われる言語で発表できないことは、日本人研究者の研究成果を、世界が正確に評価できていないことを意味する。最先端の学術研究は、共有されないとレベルが低下し、期待もされなくなる。

日本の学部生・院生は、英語による授業がほとんどなく、英語で論文を書いたりプレゼンテーションしたりする機会が皆無に等しい。このハンデによって、彼らは自力でグローバルな経験を積まない限り、世界レベルで生きる用意がないままになる。私がしばしば感じるのは、世界の巨大市場に日本の大手出版社が慎重である不思議さだ。やはり今の日本人は、戦後を創った人々のファイティング・スピリットを失ってしまったのだろうか？

私が海兵隊で働いていた頃、同組織についてインタビューするために丹治みゆめ氏というオーストラリア在住の日本人学者が沖縄にやってきた。私は彼女に将来の予定を聞いた。すると彼女は、日本の狭い学問的感覚と女性の扱い方などを理由に、学者として日本に戻ることは「全く考えていない」とのことだった。これは二〇一〇年頃の会話だったが、今現在も日本はまだまだ女性が力を伸ばせる環境になっていない。

日本でとりわけ不足している研究は、歴史、国際関係、政策科学の分野だろう。これらの研究に必要なのは、各地に長期滞在しての徹底的な調査やフィールドワークである。しかしその機会は非常に限られている。ほとんどは東京に集中しており、地方に在住する者にとって不足は顕著なものとなっている。また各所でワーク・ライフ・バランスの議論があるが、大学は最も遅れている。(35) いうまでもないが、これは士気に大きく影響する。その結果の一つが「頭脳流出」である。

私は二〇〇八年のある晩、日本の大学教育の現状を取り上げたＮＨＫの教育番組を偶然に視聴した。数人の大学生が出演していて、ほとんどが海外に行く予定だった。東京大学の学生の一人は大学での教育に失望し、秋からアメリカの大学に入学し直すという。共演していたパネリストには耳の痛い話だったに違いない。なぜなら彼らは東京大学の教授だったからだ！　私はその教授が誰だったか覚えていない。しかしおそらく彼らは、翌日大学で改革を要求したりはしなかっただろう。

私も外交史研究者として二〇〇九年九月までＯＳＩＰＰにいたが、その研究成果は大阪大学の「おかげ」というより「にもかかわらず」といわざるを得ないものだった。私だって、できればこんな言い方はしたくない。しかし私は海兵隊に転職した後、多忙なフルタイム勤務だったにもかかわらず、研究と出版の生産性は三倍に増えた（なお海兵隊を辞めてからはさらに三倍に増えた）。これは学生や教員だけの話ではない。大阪大学は献身的な職員に恵まれていたが、彼らは時代遅れの手続きや細かい「お役所仕事」の繰り返しに疲れ果て、それでいて重要なことを行う十分な権限は与えられていなかった。一年中働き通しで、わずかな休みを取ることも、まわりの教育環境を利用することもできずにいた。彼らは、教員から正当な評価を与えられず活用されていない資源だった。

日本の大学改革を論じた書籍や論文は、既にたくさん出ている。しかしその多くが一般論に終始し、改革実行の詳細な計画に欠けているか、または一つの問題だけ、つまり森ではなく木々に拘泥した限定的議論となっている。改革に向けたいくつかのヒントは紹介されるが、大学の宣伝のようなものばかりで、迷い込んだ森から出る道は教えてくれない。しかし日本の大学が直面する問題に対しては、それらを個別に切り離し、他問題との本質的相関を考えた包括的アプローチが必要だろう。その方がコストは相対的・絶対的の両方で低く抑えられ、効果はより大きいものとなるからだ。

本書が試みるのは、包括的なビジョン、あるいは明確な答えの提示である。大学が日本社会に活力を与え、頭脳流出を止め、働くにも勉強するにも魅力的な場所に変わると強く思っている。日本のソフト・パワーへの注目も、飛躍的に高まるだろう。地域創生にもつながり、地方での人口減少・東京での異常な人口過剰集中という問題を解決する。要するに二一世紀の日本再生をもたらし、二二世紀に向けた準備をするための提言だ。

この包括的な解決案は、とても簡潔なアプローチを用いる。日本に独自のクォーター制、つまり各三カ月の学期を四つとする学年暦を導入し、あまりにも非効率でコストの高いセメスター制と入れ替えるだけである。導入された新制度は全国に利点をもたらす。学生だけでなく、日本の全ての人々や企業、団体などがさまざまなパートナーシップや相互交流プログラムを行い、企業や組織に望まれる変化を促すだろう。日本の人々がアイデアや経験を共有し、潜在能力とバイタリティを真に活用できるアプローチになると、私は信じている。

✓提言の概要

日本の高等教育の将来ビジョンを完成させる最善の方法として、無益なセメスター（semester）制を廃止し、各三カ月四学期からなるクォーター（quarter）制を導入すべきである。この制度は教員や学生の能力を最大限に引き出すだけではなく、大学職員がスキルを磨いたり、社会人が短期的に学生・研究生・教員・職員・顧問などとして大学に戻って最新の教育と訓練を積んだりすることを可能とする。

私はこの新しいシステムを「日本型クォーター制（ジャパン・クォーター・システム：ＪＱＳ）」と名付けた。このシステムは、血と酸素が身体をめぐるのと同じように、さまざまな地域、社会、組織に新しい才能と新しいアイデアの循環をつくる。新しい大学は知的・実用的・起業家的なノウハウを提供する心臓となり、日本と世界に貢献する人材を送り出していく。

私の考えでは、大学は一度限りの卒業生をプロデュースするだけでなく、人々と生涯にわたる継続的な関係を持つことになる。大学と地域社会は、お互いにアイデアとインスピレーションの源泉となる互恵的関係となる。地方の大学は確実に繁栄し、より多くの人々を引き付け、人口を維持または成長させ、驚くほど低い日本の幸福度指数を上昇させるだろう。一〇〇歳以上の人が珍しくなった社会では、中学・高校・大学での教育をその後八〇年以上も保ち続けると期待する方が非現実的だ。

最近アメリカでは、子どもたちに休みを認める「精神的健康の日（mental health day）」を導入するようになっている。私が提言する日本型クォーター制に基づくサバティカル（長期有給休暇）を導入すれば、日本でも解決するメンタルヘルスの問題は数多くあると考えている。というのも、日本型クォーター制を実現した世界では、大学で働く人や大学に通う人だけでなく、社会人にサバティカルが提供されてさらなる教育・研究の機会を得る。なぜなら多くの雇用主が、現代経済で生き残る競争力を維持するため、勤勉な従業員に充電、リフレッシュ、勉強の時間を与えざるを得なくなるからだ。人々は、生涯にわたる教育と再訓練を絶え間なく受け取ることが標準的となる。将来の日本社会は、私たちの世代を「週四〇時間の労働を強制した、古風で殺人的な時代だった」とふりかえるに違いない。海兵隊にいた頃、外交政策部長代理となる内示を受けた私は、スタッフに週四時間、自由に勉強する時間を与えようと考えた。非常に忙しい業務の中で彼らの知的な充電と発展につながると期待したのだが、そうなる前に私は組織を去ったのだった。


この提案が生み出す効果の詳細については、以後の各章で論じる。まずはその概説を述べよう。

現在、一般的に大学教員が休暇を確保できるのは各学期の短い合間だけで、それもごくまれにあわただしく取得するにすぎない。各大学にサバティカルに関する制度はあるが、一〇年に一度くらい、はては生涯に一度取得できるのがせいぜいといったところだ。しかし日本型クォーター制は一年のうちの三学期間を大学に全力投球することを求め、毎年一学期間の休みを保証する。このとき教員は研究や執筆に専念し、別の大学やシンクタンク、政府機関、NPO、NGOなどで働くことが可能となる。

一年のうち三カ月間、大学から完全に解放されて活動できると知れば、意欲、自発性、生産性、そして研究と教育の質が向上するだろう。休みを利用せず大学での仕事に専念した者は、その休みを「貯金」できるようにする。大学職員も同様で、外国語や異文化に関する研修を受講したり、行政学、事務管理・立案、法律、情報技術など、大学や自分自身のためになる分野を学んだりしてスキルを磨くことができる。現在そのような機会は極めてまれである。

学生はどうなるだろうか。現在の学生は、今や三年次か二年次（または大学院の一年次や一年次）に前倒しで就職活動をしなければならず、教育への不満を感じている。二〇一〇年、日本の学生たちが東京で「就活どうにかしろデモ」を行った。就職活動による学業阻害に抗議し、国会議員に正式な要求リストを提出したのである。(36) 企業は良い人材を必要とし、学生は仕事を必要としている。政府は財界に採用活動の延期を求めているが、私は政府が介入するのはおかしいと思う。いつ就職活動をするかは学生（とその親・保護者、指導教官など）次第だ。皆の事情が違うからだ。

しかし私の提言を適切に実施すれば、四年生の四月から六月にかけて全ての就職活動をすませ、残りの時間を勉強やその他の活動に解放できる。二〇一九年の時点で、四年生の約七〇％が六月上旬までに内定を受けていた。私の考える制度では、学生の希望次第でこれを九〇～一〇〇％に引き上げられる。また長期間のインターンシップを国内外で体験したり、短期（三カ月）または長期（六カ月または九カ月）の海外留学、ボランティア活動、現地調査、卒業論文や学位論文の執筆、就職活動に時間を有効に使えるようになる。

他にも、例えばセメスター制を採る学校では、コロナ禍は前期セメスターに大きな時間のロスを強いることになった。これもクォーター制のもとであれば、学期がより細かく区切られ、学生が被る被害はより少なく済んだはずだ。

大学外のあらゆる分野で働く社会人にも、平均的なセメスター制よりも学期が短い日本型クォーター制なら利用の幅が格段に広がる。学士・修士・博士号の取得を目指して大学に戻ったり、経営者向けのセミナーを受けたり、将来の事業について単独あるいは共同で計画を立案したり、さらには専門知識を活用して大学で授業を担当することも可能となる。企業にとっても、経営管理や広報活動の顧問あるいは臨時職員として大学を支援すること[37]は、企業の社会的責任（Corporate Social Responsibility：ＣＳＲ）の具体的実践例として誇れるものとなるだろう。地域の大学や母校など、縁のある学校に重要かつ長期にわたる貢献をすることで、より訓練や教育を受けた優秀な人材を採用できるようになる。

これらによって大学と社会の交流レベルは、飛躍的に広く深いものになる。専門分野の最新情報を入手し、各分野を発展させようという気概に富んだ教員、学生、大学職員らによって、大学に質の高い環境が生まれるのである。これらが実現すると、たとえ現在は都市圏から離れた場所にあって資金難に喘ぐ大学であったとしても、各地域の中心的存在となれるだろう。ひいては日本を国際社会における知性と文化の中心地として復権させることになる。しかし改革が実現しなければ、おそらく上意下達の無気力な状態が続き、大学と社会のつながりは小手先のままとなるだろう。多くの大学が資金難となり、知的不況・教育不況というべき状況にまで陥ると考えている。

本書は日本が直面している試練という文脈から、それらを包括的に解決する具体的かつ簡潔な提言を論じている。その必要性を訴えているのは、日本が経済的、外交的、政治的、人口的、そして軍事的に時間がないからだ。

最後になるが、仕事や従来の研究・調査・執筆などの合間にこの本を書いた結果、執筆に十五年を要した。その間、私が問題提起してきた課題の中には、インターンシップの普及、留学の充実化、クォーター制導入、九月入学、オンライン会議や授業、兼業、地方創生、ワーク・ライフ・バランスなど少しずつ議論・実施されているものもある。しかしその本当の姿や可能性はまだ活かされていない。本書は、その解決策の違いを明確にしていきたい。

第二章　クォーター制とその他の制度
――アメリカの大学との比較――

「社会の競争上の優位性は、その学校がどれだけ上手に乗算や周期表を教えているかではなく、如何に想像力と創造性を刺激するかによる。」

――アルバート・アインシュタイン（一八七九―一九五五）

✓ はじめに

私の提言である「日本型クォーター制」については次章で詳しく説明し、本章ではアメリカの大学で採用されているさまざまな学年暦を紹介する。というのも、授業料が高いが、設備が十分整っているアメリカの高等教育は柔軟的かつ分散的なアプローチを大切にしている。基準を設定するのはそれぞれの組織や団体であり、教育界や分野ごとの学会をはじめ、学生、職員、教員はその要求や期待に応じて水準を満たさなければならない。

ただし「アメリカのシステムが優れているから、日米で比較したい」わけではないことを強調しておきたい。どんなシステムにも良し悪しがある。ただ母国アメリカの学術界は明らかにダイナミックで、[38]世界中の留学生の約二〇%がアメリカを選んでいる。[39]現在、アメリカ以上に人気のある留学地はない。そして長期留学する日本の若者の数は、このところ劇的に減少している（ただし「短期留学」という名の海外旅行や短期海外滞在は増加している）。[40]重要なことは、伝統を維持したベスト・プラクティスを組み込むことだ。その前提があって、非効率な（または効果がない）システムを変革しなければならない。

規定やプロセスより成果を重視するアメリカは、クォーター制とセメスター制を含むいくつかの制度が併用されており、多くは九～一二月、一～五月というセメスター制である。その下では長い夏休みがあり、学生、職員、教員の誰もが研究、執筆、留学、インターンシップ、社会奉仕、各種訓練、あるいは配偶者や家族と一緒に真の意味での休暇を取るなど、さまざまな目的にあてている。これに対して日本のほとんどの大学では四~九月、一〇~三月まで開催される独特の二学期セメスター制を採用している。このやり方は、非常に効率が悪いといわざるを得ない。

なぜなら日本の場合、学期や学年の境にある「休暇」には、入学試験、関連面接の実施、さまざまな会議などが割り込んでくる。その多くは、他国では教員ではなく専門スタッフが対応する業務で、教員は教育と研究に専念できるように分担されている。しかし日本では、教員があらゆるレベルの学校事務に関与することを余儀なくされ、分業はなく、痛みは均等に分配される。私はかつて日本の大学の准教授であった者として、教員が研究や関係会合のために海外に行く難しさをよく知っている。海外の大学では夏は五月に始まり、多くの国際学会は夏季開催される。当然日本の学生も同じで、短い夏休みでは長期インターンシップや質の高い留学をすることは試み難い。

しかし幸いにも、私たちの参考に値する学年暦は数多くある。本章では私の母国アメリカの諸学年暦を紹介し、そこからセメスター制とクォーター制の各機能に焦点を絞り、両者の違いとメリットを掘り下げる。それらを知れば、なぜ私がクォーター制を最善と考え、日本の学年暦および会計年度と組み合わせるべきだと主張するのか、多くの方に納得してもらえると思う。

✓さまざまな学年暦

アメリカにはさまざまな種類の学年暦がある。初期（early）セメスター制度、伝統的（traditional）セメスター制度、クォーター制度、トライメスター（trimester）制度、そして「4・1・4」制度だ。これらの違いは競争をもたらし、多様性の存在を許す。それは各分野の発展や社会全体にとって良いことだと考えている。

ここでは各制度と用語を明確にする。興味深いことに、専門用語は必ずしも実際の仕組みをいいあらわすとは限らない。そこで以下の通り説明しておく。

■セメスター制度

一年を半年で区切る学年暦「セメスター」の語源は、「六カ月」を意味するラテン語である。ただし実際の学期期間は、四〜五カ月間というのが一般的だ。「初期セメスター制度」は、伝統的セメスター制度よりも期間（学期）が早く始まり、早く終わる。または祝祭日や学校の行事をはさむことで伝統的セメスター制度とほぼ同じ時期に終わる。今日のアメリカでは大半の大学がセメスター制度を採り、その傾向はここ数十年でさらに広がった。一学期が一七週間と長いセメスター制度もある。メリットは、学生が学ぶ内容を消化する時間を確保できることだ。教職員にとっては、学期が三つも四つもある制度に比べ、学生登録・抹消、試験実施、成績評価などにかかる書類事務が軽減される。

反面、学ぶ機会が不足したり、提供科目が限定されたり、成績が振るわなかった科目を埋め合わせるために別科目を履修する機会は減ってしまう。そのため成績評価点平均（GPA）が低くなりがちといった大きい（というより、むしろ致命的な）デメリットもある。[41] ただし学外での利益を追求し、役割を果たすことを目的に大学が学生、職員、教員のために割く時間のバランスがとれるので、セメスター制度は概ねその機能を果たしているといえる。

日本に約七〇〇校ある[42]四年制大学の多くは、最短で一五週間、または非常に長く感じる四カ月学期のセメスター制度を採用している（セメスター制度を採用する大学の正確な数を文部科学省高等教育局に問い合わせたが、回答は得られなかった）。例えば春学期が四月一日に始まり、九月三〇日に終わる場合がある。すると夏休みを途中に挟むため、少なくとも大阪大学では、学生は春学期の履修科目試験を受けるために九月に学校に戻らねばならなかった。教員も採点の他、各種の委員会、教授会、緊急会議、特別調査会議、学部会議などがあり、夏休みを活用した研究や旅行、ボランティア、地域奉仕活動をすることはできない。

大阪大学ではようやく二〇〇四年に学年暦が若干変更され、八月上旬には授業を終われるようになった。しかし私が勤務した当時は、大学院入試、委員会の会議、そのほか大学関係の仕事が八月から九月上旬に入るため、教員は「夏休みを利用した研究、執筆、調査旅行」はできなかった。九月入試があるため、おそらく今もできていないはずである。同様に大学職員にも研修やスキル・アップの時間はほとんどなく、めったに取れない休みは世間一般と同じ個人的なものを優先せざるをえず、仕事のやり方も不親切になる。学生はインターンシップを経験する期間が短く、留学の機会も非常に限られている。

アメリカでは、典型的な学年暦は九月に始まって五月ごろに終わるが、夏休みは学年の節目に設定される。その期間は比較的長く、皆が授業や事務作業などから解放され、研究や調査旅行などの活動時間を十分にとれる。つまりアメリカのほとんどの大学がセメスター制度ではあるが、日本とは異なり公私の目標を達成して充電する十分な休暇があり、それが活力や創造力を生む。日本の大学のいわゆる「夏休み」とは全く違うのである。

■トライメスター制度と「4・1・4」制度

分かりにくい言葉だが「トライメスター制度」というものもある。

セメスターと同じくラテン語が語源の「三カ月の」という意味で、一年を三学期に分けることを指す。ただし実際のトライメスター制度は、一年を三分割した四カ月ではなく、一学期が三カ月間である。つまりアメリカでのトライメスター制度は、一年を三等分した学年暦ではなく、各三カ月間の三学期と、夏休み（および／または短期の夏季講座）がある学年歴をいう。アメリカではセメスター制度の下でも、三週間の集中講座のような冬か夏期講座を開講する大学が多く、これをもってトライメスター制度ということもできる。そこでこの制度を、形式的に「4・1・4」制度と呼ぶこともある。「1」が集中講座のことで、期間は学期の四分の一だ。

しかし正規の学生の多くは帰省しており、集中講座を受講する者は少ない。またその時期に授業を行うことは教員の義務ではない場合が多い（つまり「夏季集中講座を担当したい」という希望がある教員や非常勤教員に限られる）[43]。冬期講座を開く大学もあるが、同様に受講生はさらに少ない。

■クォーター制度（四学期制度）

最後に「クォーター制度」を紹介する。これはセメスター制度、トライメスター制度、「4・1・4」制度に比べ、一学期が約一〇週間と短い（かつては八〜一三週の間で幅があった）。クォーターとは字義通りに「四半期」を指す。ただし実際に制度を採用していても、四等分に学期を設ける大学はほとんどない。通常は「四半期」学期が三つと、短期集中講座をいくつか開講する夏学期の組み合わせだ。

クォーター制度は一八九一年にシカゴ大学で始まり、現在も同大学はクォーター制度を採っている。シカゴ大学はジョン・ロックフェラーが創立した、いわゆる名門大学である。シカゴ大学ロースクールでは、クォーター制度を次のように説明している。

クォーター制度とは？

クォーターはセメスターよりも短い学期のことで、一年間に三回から四回、科目を開講することができる。本学では秋、冬、春学期に授業を実施し、夏を休暇としている。履修科目数はセメスター制度の大学と同じだが、一年間、三つの科目（および教授）のセットが提供される。

クォーターの始まりと終わりはいつ？

学年暦の概要は以下のとおりだ。各科目は秋に開講し、春に終了する。

秋学期：九月末から一二月中旬まで
冬学期：一月上旬から三月中旬まで
春学期：四月上旬から六月中旬まで（上級生は五月末に修了[44]）

読者の方はお気づきだと思うが、一般的にクォーター制度の学期は三つで、シカゴ大学の説明に「夏学期」の記載はない（学生の多くはその期間に弁護士事務所やＮＧＯ、ＮＰＯ、政府、裁判所でインターンするのが一般的である）。二〇〇九年にアメリカ初の黒人大統領となったバラク・オバマは、かつて同大学で憲法を教える教員だった。また創立から数えると、教員または卒業生から約一〇〇名のノーベル賞受賞者を輩出している。このことは、クォーター制度の教育効果の高さを示す一つの材料といえるだろう。他にもスタンフォード大学、ノースウェスタン大学、ダートマス大学、カリフォルニア州立大学、バークレ校以外のカリフォルニア大学、ワシントン州立大学などの有名な大学がクォーター制度を導入している。その一つであるカリフォルニア大学ロサンゼルス校（UCLA）が発行する学内理事会報には、次のような記事があった。

クォーター制度の導入によって、UCLAは世界でも一流の学府となった。まちがいなく二〇世紀に生まれた大学の中で最高位にある。入学志願者数は国内最多であり、その志望動機は各方面から高く評価されている教育の質の高さにある。(45)

一九六〇年代半ば、戦後ベビーブーム世代の成長の他、退役軍人や移民の人々の子弟、またソフト・パワーの超大国たるアメリカを目指す留学生などによって、学生人口が劇的に増加した。これに門戸を開いた大半の大学が導入したのが、クォーター制度であった。しかしその後、多くがセメスターに制度を変更する。興味深いのは、移行したのは教育上の配慮からではないということだ。最大の理由は、学期が一つ減れば教員・職員の事務を軽減できるという「運営管理上の都合」だったのだ。この点は、クォーター制度の教育的価値を理解するうえで非常に重要な部分である。日本で完全なクォーター制度を求める理由の一つとして、ここで繰り返したいと思う。

セメスター制度は学校行政の観点からは便利だが、教育の観点から、あるいは質の高い研究や社会人教育の機会などを通じて社会全体に貢献するという観点からは、賢明ではない。大学関係者は管理費や事務コストが少なくなるという理由で、セメスター制を好む。しかし学生がインターネットを通じて授業登録や支払いを済ませられる現在、教務や会計の業務が減って事務コストが大幅に圧縮されていなければならない（にもかかわらずアメリカの大学は管理スタッフを増員し続け、五年間で教育費全体が二〇%も膨んだ）。またほぼ全ての連絡は電子メールで行われており、従来のような郵送はほとんど必要ない。古い言い訳はもはや当てはまらないのだ。

後述するが、アメリカの大学関係者たちは、教育や研究の面でクォーター制度の方が優れているのを知っている。しかし運営コストの問題、そして現行のセメスター制度で比較的長期かつ自由な夏休みが取れていることから制度を変える必要性が低いと考えているのだ。

「結局、実質的にはクォーター制度だ」

これは、ある大学の副学長が私に語った言葉だ(46)。対照的に日本では、先述したが短く効率の悪い夏休み（および春休み）が学期途中に入るだけでなく、その休みも大学の各種業務で埋まってしまうため、すぐれた研究につながる生産的な時間を確保できない。

これからアメリカの各種制度の長短について述べるが、私はアメリカのクォーター制度をそのまま日本に導入すべきだと主張するわけではない。私が提案するのは、各学期が全く同じ長さ（三カ月）となる独自のクォーター制度だ。学生は在学期間に最大限に学べ、教員・職員は個人的かつ職務的に成長できる理想的なクォーター制度である。日本を真に再生させる社会全体への大きな刺激となるものだ。

いうまでもないが、仕事と生活をバランス良く充実させ、人間を全体的に成長させることはワーク・ライフ・バランスという今日の社会的議論に位置づけられている。(47) この点は本書でも重要な議論の要素である。私たちの生産性は、全体の平和、そして個人の人生がバランス良く充実してはじめて上昇していく。

後で詳しく説明するが、教員、職員、学生、そして広い意味での地域の人々が、社会に貢献する健全な一員として成長することは非常に重要だ。適切なワーク・ライフ・バランスがなければ個人の士気は崩れ、遅かれ早かれ社会的構造も崩壊する。すなわち生産性は落ち込むのである。日本社会における離婚、ストレス、病気、自殺の増加はワーク・ライフ・バランスを保てなかった結果である可能性が非常に高い。前述のとおり、日本では年間二万人から三万人の自殺者がいるが、それは日本社会に多くの穴を残している。コロナ禍でこの穴が拡大し深くなっている。

✓アメリカの学生、教員、大学側の意見

くりかえしになるが、私は日本が抱える問題への比較対象や処方箋として、母国であるアメリカをやたら引き合いに出そうとは思わない。教育制度、人口動態、国民性、ニーズ、考え方と全く異

なる国だからだ。ただしアメリカの大学が、世界の教育・研究のトップにあるのは事実だ。そして日米両国は人権尊重、法の支配、民主主義、平等など数多くの価値観や理念を共有している。だからこそ参考になるものがある。

アメリカの大学が世界の教育・研究に関する頂点にいる理由は、当然ながら「優秀な大学がクォーター制度を導入しているから」だけではない。そもそも、クォーター制度を導入していない大学の方が多い。教員、職員、学生の多様性、寄付やその他の資金で築かれた独自の財政基盤、官僚的な中央政府の介入がないこと、集団志向の小ささ、母校への誇りなどが理由に挙げられる。それでも、アメリカの大学が持つ学年暦への取り組みを知り、各制度のメリットとデメリットを検証することは、非常に有益であろうと思う。アメリカが経験した問題と同じ轍を踏まず、その最善の部分だけを取り入れて考えることができるからだ。

私が提案する「日本型クォーター制」は完全にユニークな制度である。換言すると、日米それぞれの制度の長所を組み合わせ、短所を間引いて作り出したものだ。

アメリカの大学で、クォーター制度からセメスター制度への移行をめぐる問題ほど大きな議論を呼んだものはない。それらの議事録などを読むと、大学側や教員たちが強く主張したものが何だったかが分かる。

クォーター制度に対する教職員たちの最大の不満は、学期が一〇週間しかないことによるあわただしさと、年間業務量の増加であった。学生登録や試験実施の手間がクォーター制度だと年に三回だが、セメスター制度なら二回で済むわけだ。しかし「教員が専門分野を究め、学生が授業内容をきちんと吸収する時間ができる」という理由でセメスター制度を支持した者は少なかった。むしろクォーター制度の方が、学生の奮闘をより促し、将来のさまざまな挑戦につながって有益という意見が大勢を占めていたのだ。はっきりいえば、セメスター制度は運営管理上での都合が良く、クォーター制度は教育上での理由から学生に望ましい制度ということになる（さらにクォーター制度は教員にとっても、より納得のいく研究や専門的な各種活動に取り組める利点がある。この点については後述する）。

だが前述の通り、通信技術などの進展で「運営管理上の理由」はもはや古い。現在、アメリカでは教育関連のブログやチャットで、学生も「セメスター制度対クォーター制度」の問題を議論している。学年暦の過ごし方や両制度のメリットや苦労について学生が発信した意見を読むと、彼らの意見も二分している。

興味深いのは、学生たちの意見もクォーター制度の下では学生生活がいかに厳しくなるかという点に意見が集中していることである。これはクォーター制度へのこれ以上ない推薦の言葉だろう。クォーター制度を支持する学生たちは、その厳しさゆえに時間管理能力が身につき、常に新しいことを学ばざるを得ない。そんな環境に身を置くことで、他人の先を行けることを評価していた。また柔軟に科目と教員を選択できることも満足できる理由の一つとされていた。

ただし教員、職員、学生のいずれからも懸念されたのが、制度の移行期間や、クォーター制度での取得単位はセメスター制度で同様に認定されるのかという問題であった。しかし幸いなことに、既に多くの大学が、制度の異なる大学での取得単位を認め、単位移行の認定基準も確立している。それは大学が自らの利益のために単位認定を行い、学生を混乱させずに単位移行しやすくする努力を重ねてきたからだ。日本が私の提言する日本型クォーター制を導入した場合も、学生に不要の混乱を生じさせないよう学内や大学間での単位移行制度が設けられるはずだ。

次に、クォーター制度に対する賛否の意見を詳しく見ていきたいと思う。

はじめに、アメリカの大学の教職員（主にカリフォルニア大学）の多くが抱く意見を紹介し、次にインターネット上の関連フォーラムに公開された学生の意見を取り上げる。アメリカのクォーター制度について、教職員が考えるメリットは次のようなものだ[48]。

1　授業と研究の両方を支える効果的な仕組みである。

2　研究休暇（サバティカル[49]）が取りやすく、海外で研究テーマを追求できる。

3　カリフォルニア大学では、教員は九学期（三学年）の間に授業を担当しない学期（一〇週間）の「研究休暇」を取ることができる（給与は満額支給）。セメスター制度で同じく授業を担当しない学期（一四週間）を取得するには四学年半必要である。

このことを教授の一人は「（クォーター制度からセメスター制度に移行すると）研究休暇の取得資格がある教員にとって、研究できる自由時間は四割増え、授業時間は五割増えるということだ」「（クォーター制度以外では）研究機会が減るというのが第一印象だ」と語っている。[50]

4 「授業の負担が軽い学期」を設定できる柔軟性があり、教員は執筆や研究の仕上げ、助成金の申請、研究成果の学会発表などの時間を確保できる。

5 職員は休暇を活用して訓練やワークショップなどに参加したり、「社会人入学」で学校に通うことができる。

6 学生にバラエティに富んだ科目を提供し、柔軟な履修課程の選択肢を設定できる。こうした環境は、学生に複数専攻や副専攻を促し、専攻以外の「風変わりで実験的な分野」を探究する機会を提供する。[51] 学生はセメスター制度の下より多くの科目を履修するのが一般的で、結果的により幅広い教育を受けられる。

7 学生が接する教員が多くなるため、問題解決や学習内容の理解に役立つ新しいアイデアやアプローチに触れる機会が増える。

8　他学科・他学部との間で、必修科目の調整がしやすい。

9　一年間に履修する科目の選択肢を増やすことなどで、一クラスの規模を小さくできる（セメスター制度では開講科目が少なくなりがちなので、クォーター制度に比べて教室は混み合う）。

10　教員は担当科目の核心を、より効率的かつ効果的に教えなければならなくなる。このため真剣さが増し、培ってきた知識を余すところなく伝えることになる。

11　セメスター制度が「長く、長く、ひたすら長い」(52)のに対し、クォーター制度は短い。セメスター制度での授業はのんびり進み、時間効率が悪い。クォーター制度では学期が一〇週間しかないため、教員も生徒も限られた時間で履修内容を消化しなければならない。のんびりとしたセメスター制度に比べ、クォーター制度では学期が終わると教員と学生はすみやかに次の研究課題に進む。

12　年間を通じ、教室や施設を有効活用できる。

13　知識を深めるために各科目の継続クラスを追加したり、科目の関連内容についての特別講義を組むことができる。

14　授業の実施期間は短くなるが、授業時間や教員と交流する時間は基本的に変わらない（授業時間は一日の授業時数を増やすことで確保する)。

15　学生が研究や執筆に没頭したい場合、授業を取らないことで三カ月間というまとまった時間を確保できる。

16　学生がインターンシップを経験したり、留学や旅行などを含めた学外活動に参加する機会を増やせる。

17　セメスター制度では学生が一学期に履修する科目はおよそ五科目だが、クォーター制度では三科目程度となるのが一般的で、じっくり取り組むのに適当な科目数となる。セメスター制度では、学生は多くの授業、試験、論文、その他の課題をこなすことに苦労する。

18　授業についていくため「欠席できない」というインセンティブが非常に大きい[53]。

19　一学期の履修科目が少ないため、定期試験や課題の提出日の重複があまりない。学生は勉強を着実に進められるし、一度に多くの科目の試験を受けずにすむので、過剰なストレスを感じずにすむ。

20　クォーター制度の学生では、成績評価点平均（GPA）が、セメスター制度の学生より〇・二〜〇・三%高い傾向がある。これは成績の低い科目があっても、別科目を履修して挽回する余地があるためだ。セメスター制度では科目の履修機会が一年間に二回だけなので、単位を落とすと一年の半分が水の泡となってしまう。

21 やむを得ず退学する場合でも、学生が失う時間と学費は半分ではなく三分の一ですむので時間的・金銭的な損失が少なく、過大な不利益とはならない。つまり大学側あるいは個人的な問題が一学期に与える影響は、より小さく抑えられる。

22 読書課題や宿題、論文、試験が頻繁に課され、すぐにフィードバックされるため、学生は時間管理能力が身につく。学生に常に「如才なさ」を求めることになり、最初は「お手上げ」であっても、集中度の高さを通じ、社会に出てからもストレスや業務量に適切に対処できるようになる。

一週間単位で見ると、クォーター制度にはセメスター制度より厳しい努力が求められる。それでも、教職員と同じように学生も同制度の利点を認めている。

次に学生の意見を紹介する。教職員のそれと同じものもあるが、学生ならではの指摘もある。

1 履修できる科目が多く、セメスター制度に比べて二倍以上の履修も可能である。別の課程に興味があれば、複数専攻や副専攻とすることができる。

2　より多くの教員や、さまざまな教育方法に触れることができる。

3　一学期あたりの履修科目数が少ないので集中できる。

4　学期が短いことから、研究や宿題の量は同じでもより短い時間でこなす必要があり、意欲をかきたてられる。

5　課題を先延ばしできないことから日常的に取り組むことになり、課題への理解が進む。

6　「長くてくたびれる」「冗長」「きりがない」セメスター制度と対照的に簡潔である。

7　優れた時間管理能力と忍耐力が身につき、社会に出てから役に立つ。

8　嫌いな授業が、より早く終わる。

9　授業についていけずにＧＰＡが低くなっても、挽回に時間がかからない。

10　夏休みが長いため、小遣いや学費などを稼ぐ必要があるとき、夏の間、就労（インターンシップ、サマージョブ）をしやすい。

ここまでの論点と共に意見をまとめると、次のようにいえる。

1 アメリカでは、研究と教育の両方で実績を上げている有名大学の中に、クォーター制度を導入している大学がある。

2 教員は授業から解放される時間が増え、じっくりと研究活動に取り組める。

3 セメスター制度を採用するアメリカの大学でも、研究活動のためのまとまった時間として長期の夏休みがある。

4 セメスター制度を採用する基本的な理由は、運営管理の手間を減らすためであり、学究的な意欲を引き出すためではない。

5 クォーター制度の方が学生は努力を求められ、授業内容だけでなく教員との交流という面からも幅広い教育を受けられる。

✔まとめ

クォーター制度を導入する利点ははかりしれないが、それでもアメリカの多くの大学が書類事務に関する立場からセメスター制度を選ぶ傾向にある。ただし技術の発展により、事務作業は大幅に減少している。重要なことは、アメリカの学年暦ではセメスター制度であっても長期の夏休みが設けられているため、研究を進め（あるいは遅れを取り戻し）たり、調査旅行や執筆、研究者としてのさまざまな専門的活動を行ったりすることができるという点だ。

現在の日本では、九月から始まるアメリカ式学年暦を導入しても、会計年度といった別の要素によって同じ効果を期待するのは難しい。そこで日本の会計年度に対応できるよう修正したクォーター制度を導入する必要がある。そこで次章では、私が提言する「日本型クォーター制（ＪＱＳ）」の学暦年をテーマとする。

第三章　日本のための新たな学年暦

——日本型クォーター制（JQS）の提案——

「二〇年後、あなたはやったことよりもやらなかったことに失望することだろう。だから、はらみ網を解いて安全な港から出航するのだ。貿易風を帆に受け、探検し、夢を抱き、発見しよう。」

——マーク・トウェイン（一八三五—一九一〇）

✓はじめに

先の二つの章で簡単に触れたが、本書の目的は日本の会計年度や社会に合ったクォーター制を日本型クォーター制（ジャパン・クォーター・システム：ＪＱＳ）と名付け、日本中で議論してもらうことである。当然その先には、導入に向けてチャレンジしてもらいたいという思いがある。

この制度は各三カ月（実質的な授業は一〇週間）の四学期で構成され、現行の学年暦および会計年度、既存の祭日、習慣や文化に合わせて四月一日に始まり、翌年三月三一日に終わる。第二章で強調したが、この提言は会計年度、人事、雇用、生活習慣そのものといった社会のあり方が異なるアメリカの学年暦（九月から五月まで）を日本に導入することではない。

もちろんアメリカの現行の学年暦を日本が採用しても、世界各国で採用されている学年暦と共通するものになるというメリットはある。しかし、多くのデメリットも孕んでいる。

実はコロナ以前から、近年、海外の学年暦に合わせるという論点は、日本でかなり注目されていた。二〇一一年、東京大学の浜田純一総長（当時）は、二〇一五年までに秋入学を導入する考えを発表し、二〇一二年に検討委員会を設置した。[54]しかし同大学は秋入学の導入を断念し、クォーター制に変更することを決めた。

記者懇談会での浜田総長の発言に関する報道によると、「社会環境を変えるのは難しいことから、検討委員会はクォーター制の導入を勧告した。新しい学年暦は日本人学生にとってはプラスになるし、外国人学生にとっても東京大学で勉強するきっかけとなるだろう」という内容だった。またクォーター制は秋入学を実現するためには必要不可欠なステップであり、日本の大学および社会のさらなる国際化を促すだろうとも述べていた。

実は日本でも、一九二一年までは秋入学が存在していた。この「選択肢」が従来の春入学と並行して存在できるなら歓迎したい。なぜなら帰国子女や外国人、留学生の他、色々な経験をするために（いわゆるギャップ・タイム）何らかの理由で約半年入学を延期したい（あるいは延期せざるを得ない）人々のためになるからだ。

しかし秋入学のみの制度を実現するには、会計年度をはじめとする行政、企業、学校、文化、社会の多大な負担になる。(55) また、桜の季節（春）など文化的なムードもある。したがってデメリットがメリットより大きいと考える。それが東京大学が秋入学導入を取りやめた理由であろうし、ほとんどの大学が導入していない理由でもあるだろう。ならば、これに代わる制度を考える必要がある。日本の学年暦や会計年度、社会に適応し、なおかつ大学の教員、職員、学生の能力を最大限に発揮させる制度である。

ところでこれまで私は同僚、教育者、地方や国会議員、政策決定者などと長年意見交換をしてきた結果、非常に詳細である本書の提言においても、大学ごとの特徴やニーズに合わせて調整が必要だと考えていることに言及しておかねばならない。そしてそれは良いことでもある。特に教育や社会全体において、地域性など多様性を提供することにつながるからだ。

つまり本書の提言は、変更を許さない確固たる計画というより、一つの「青写真」として考えてもらいたい。とはいえ私は十何年をかけ四七の都道府県、五〇カ国をまわって、さまざまな大学・専門分野の教職員、学生、そして生涯学習に努める方々などあらゆる立場の方々と議論し、およそ三〇〇の教育機関を訪ねてこの提案を練り上げ、生じうる問題や懸念への対応を考えてきた。したがって私は本書の提言が、どんな状況に置かれた大学でも（よほど柔軟性も発想力もない大学なら別だが）適用できるアイデアであり、万人の利益に適うと確信している。

✓日本型クォーター制（案）

■学年暦

提言するのは、アメリカなどで採用される「クォーター制」ではなく、名実ともに四学期で構成される制度である。そこでは四月一日から第一学期が始まり、六月三〇日までの九一日間続く。第二学期は七月一日～九月三〇日までの九二日間。第三学期は一〇月一日～一二月三一日までの九二日間。そして第四学期は一月一日～三月三一日までの九〇日間（閏年は九一日間）となる（表3－1参照）。

各学期は三カ月間（約一三週間）で、実際の授業日数は一〇週間である。

表3-1　日本型四学期制度における学年暦（案）

第1学期	第2学期	第3学期	第4学期
4月1日－6月30日	7月1日－9月30日	10月1日－12月31日	1月1日－3月31日
合計91日	合計92日	合計92日	合計90～91日

学年暦の中には、各校の伝統や地域の慣習に根ざした、大切にしなければならない祝日がある。こうした祝日や、新入生オリエンテーション、入学試験、学位授与にかかわる卒業論文発表などには残りの三週間で対応する。したがって各大学は柔軟に年間行事予定を組めるのである。例えば第一学期は学年暦の最初の学期に相当するので、現在四月第一週に実施される新入生オリエンテーション、授業登録、健康診断その他の大きな行事はこの時期に組むことになる。現行制度でも授業は四月の第二週から始まっている。またゴールデンウィークは学生と教員は休むのが一般的なので、新制度もそれに合わせる必要があるだろうが、三週間の余裕があるので対応しやすい。

八月中旬のお盆休みは、新制度では第二学期の半ばにあたる。そのため第二学期の行事予定で最大の難関は一週間のお盆休みを設けること、博士課程・修士課程を早めに終えた学生の卒業式、大学院入試の実施などである。これも一三週間もあるので不可能ではない。その柔軟性と知恵は、前に紹介した「創造的破壊」の考え方と一致する。教職員はことなかれ主義的ではなく、常に変化を求め、時には劇的にシステムを変え続ける必要がある。

第二学期（夏学期）をさらに二つの期間に分ければ、海外に姉妹校があるならその留学生を受け入れて日本について学ぶ機会を提供したり、さまざまな集中的ワークショップや研修、セミナー、インターンシップ、ホームステイ、（地方創生などのための）ワークステイ、授業などへの参加を促すことができる。また経営者向け講座や、若手から中堅の社会人向け定時制課程、学位取得は目指さない科目履修コース、検定プログラムなどの後援も可能になる（この点については第七章・第八章で詳述する）。また学生も短い夏学期を利用し、留学や特別ワークショップへの参加、語学習得などができる（これについては第六章で触れる）。

このように夏学期を六週間（うち授業は五週間）で二分割し、一週間のお盆休みをいずれかに挟みながら、前半は概ね七月一日から八月一五日、後半は八月一六日〜九月三〇日までの期間とする。そうすると関心に応じて短期集中で授業を受けられる他、感染症などの医療政策、防災、技術経営、公共政策、安全保障、国際機関、語学、国際関係、国際法などの分野に特化して開講されるエグゼクティブあるいはマネージャー向けコースにも参加できる。

各コースは前半・後半のいずれかに一回開講されるが、(56) 六週間のコースで物足りなければさらに都合に合わせて学期後半に二つ目のコースを受講したり、あるいは論文執筆、共同研究、インターンシップ、ワークステイなどをすることもできる。もちろん、より短い一週間程度の集中セッションも準備できる。例えば日本に特化したトピックや課題に関するプログラムとして、地域経済、地域開発、災害対策、復興、ボランティア活動、日本の歴史、文化、言語などに関する集中授業は、日本国内のそれぞれ適した地域で教えれば良い。

そうすれば日本の国内外から学生・留学生が参加できる。授業は英語で行い、ピア・ラーニング

（仲間同士で学び合う学習方法）が教育プロセスの主要部分となる。参加者が多ければ多いほど、地方の大学や地域社会の収入源となる。

第三学期は秋（一〇月一日）に始まる。大学院生、外国人留学生、交換留学生の入学オリエンテーションは一〇月第一週に実施することになるだろう。正月休暇（キリスト教系の大学ならクリスマス休暇）に入るのは一二月末となる。その間、体育の日、文化の日、勤労感謝といった日本の祝祭日に向けた調整も必要だ。修士論文、博士論文の口頭試問を行うため授業を休講にする大学は、代講の調整日が必要となる。

最後の第四学期には、現行の学年暦や会計年度を使用するなら、正月休暇の後半、入試、卒業関連行事が組まれることになる。成人の日、建国記念日、また天皇陛下の誕生日、春分の日があり、調整が必要だ。これまでの説明から分かるように、三カ月という期間には全ての休日や行事に対応できる時間的余裕があるので、全科目一〇週間の授業内容をきちんと終わらせることができる（あるいは夏に集中的に実施できる）。一般的な日本の学年暦で行われる行事や休日を変更するような、大幅な調整は不要である。

要するにセメスター制からクォーター制への移行は、運用上の大きな変更はさほど生じないのである。なぜなら、既存の年度や学年の上に重ね合わせながらクォーター制を「移植」し、一学年を生き生きとした機会に富む四つの学期に切り替えるからだ。九月入学よりずっと容易である。

■授業時数と単位

一般的に日本の大学生が卒業に要する単位は、学部レベルで一二四単位、大学院は修士課程が三二単位、博士課程が八単位である。プログラムによるだろうが、インターンシップや留学、社会奉仕活動が義務でないことを踏まえると、特に厳しいものではない。しかし「就活」(就職活動)に半年から一年間を費やすという状況は、さらに悪化している。理論上、クォーター制へ移行するために卒業への単位数を変更する必要はない。

私が大阪大学で勤務した頃の時間割は、九〇分授業で一日六時限という構成だった。一時限目は八時五〇分に始まる(所属した研究科で私は一時限目の授業を提供した、きわめて数少ない教員だったと記憶している)。最終時限が終わるのが二〇時。とはいえ実際に週末や夜間に開講される授業はほとんどなく、仕事をしながら通学する社会人学生には不満の種となっていた。私自身は、各セメスターに夜の講義を実施した。仕事を終えた社会人が授業を取れるよう、開始時刻を(受講生と相談して)内緒で三〇分遅らせることもした。二〇時を過ぎても、議論が尽きるまで徹底した意見交換を行ったつもりだ。

新しい日本型クォーター制では、時間割の修正が必要だろう。一学期間に九〇分授業が一五回(のべ授業時数一三五〇分が原則だが、全ての教授が実施しているとは限らない)という構成から、各科目の授業が週一回という点は現行通りとして、新制度では一三五分授業を一〇回とすれば合計時数は変わらない。むろん時間を短くして一週間に二〜三回授業を実施することも考えられる。しかし各

表3-2　時間割（案）

時限	1	2	3	4	5	6
時間	7:00-9:15	9:25-11:40	11:50-14:05	14:15-16:30	16:40-18:55	19:05-21:20

表3-3　時間割（案）

時限	1	2	3	4	5	6
時間	7:20-9:35	9:45-12:00	12:10-14:25	14:35-16:50	17:00-19:15	19:25-21:40

表3-4　時間割（案）

時限	1	2	3	4	5	6
時間	7:40-9:55	10:05-12:20	12:30-14:45	14:55-17:10	17:20-19:35	19:45-22:00

表3-5　時間割（案）

時限	1	2	3	4	5	6
時間	8:00-10:15	10:25-12:40	12:50-15:05	15:15-17:30	17:40-19:55	20:05-22:20

科目の授業を週一回という仕組みを継続するならば、一三五分授業の新しい時間割は表のようになる。

いうまでもないが、大学はどのような学生を意識するかで時間割の開始・終了時刻を調整しなければならない。人口減少社会では社会人学生を増やさない限り、大学経営は難しくなるからだ。

表3－2の時間割は、出勤する前か、仕事が終わるか、あるいは両方、授業を受けたい社会人学生にとって理想的だ。

表3－3は、フレックス・タイム制度のある職場で働く社会人学生には特に適しており、午前中か夕方に二つの授業を取れるメリットがある。

表3－4の時間割は、表3－3のように、夕方には二つの授業を取れるが、午前中はフレッ

クス・タイムであってもせいぜい一つの授業しか取れないだろう。

表3－5の時間割は夜に通学したい社会人学生にとってよいと思われる。既に述べたが、当時の大阪大学は、社会人学生にとって明らかに不便な時間割で、社会人の進学先としての魅力を損ねていた。**表3－2**で提案する時間割は、一時限を早朝七時に開始し、九時過ぎには終わる。一般的な会社勤務は九時頃から始まるので、社会人のニーズに多少は応えられるだろう。ただそれには、大学が通学しやすい地理的条件を満たしている必要があるが、近年普及してきたフレックス・タイムの概念やオンライン授業に拠ればマッチングは十分可能である。同様に夜間も前掲表のように第六時限を遅い時間（一九時五分、一九時二五分、一九時四五分、二〇時五分）に設定すれば受講可能となる。

早い時間からスタートという点で、教員の読者からはうめき声やため息が聞こえてくるように思える。私自身は朝五時前後の起床と早起きな方で、毎朝最初の数時間はその階にいる唯一の教員だった（研究棟全体を見ても二、三人の教員しかいなかった）。そのことは研究やその他の作業を進めるためには役立ったが、他の教員が出勤していないのでコミュニケーションや仲間作りという点では良くなかった（興味深いことに、私が雇われたとき毎日出勤することを求められたが、採用委員会のメンバーのほとんどは不公平にも毎日の出勤を守っていなかった）。

実際に多くの組織の朝は早い。米海兵隊は午前六時三〇分～七時三〇分の間にオフィスに現れる人がほとんどで、午前六時すぎに来る人もいた。ただ育児、業務内容、通勤時間・距離などを勘案すれば、一部の働く社会人にとっては六時限を遅く設定するスケジュールの方が適切かもしれない。

いずれにせよ今後、学生の世代人口は減少していく。そのため社会人のニーズに応えることはますます重視される。そして生産年齢人口の一人ひとりが、より有効に活動するための再教育、再訓練が求められるだろう。

授業時数と単位の問題は、いうまでもなく私の提言が唯一の解答ではない。私の提言を一つの参考にして、各大学の学風や文化に合わせ、そして同時に社会人学生など非伝統的な学生のニーズにも合うものでなければならない。上記のスケジュールは一三五分の授業期間に基づいている。各大学は他に最も効果的なものを選択し、開発する必要がある。

街の中心部にある大学なら、早朝や深夜に授業を設定するのは簡単だが、バスや車でのみアクセス可能な遠隔地の大学では問題があるかもしれない。いうまでもないが、体の不自由な方や年配の方の通勤・通学の便宜は最大限考慮すべきである。しかしそれは物流上の課題であって、基本的なアプローチと哲学にとっての問題ではない。

✔日本型クォーター制の利点

アメリカでも指摘されている通り、私が提言するクォーター制のペースは教員、職員、学生のいずれにとってもあわただしい。また日本の通常年度に合わせて行うと、アメリカの大学にあるような長い夏休みを設定して教員、職員、学生が遅れを取り戻したり、関連業務や勉強・研究を進めたり、あるいは「リセット」「充電」できることはないと思われる。

しかしそれは現在も同じだ。日本の大学には十分な長さの夏休みがなく、一年を通じて本当の休みもない。授業が開講されなくても、教授会、常任委員会、入試、定期的に設置される倫理調査委員会などさまざまな予定が組まれる。このような環境では、教員は調査旅行をしても早々に切り上げねばならず、コストと時間の両方で効率が悪い。また客員教授としての勤務も短期間で終わってしまう。研究や執筆も中断される。つまるところアウトプットが質・量ともに低迷する。

これらの状況を改善するため、一年の内の一学期間を教員、職員、学生の研究や学習などの活動にあてる「休暇」とするのが、私が提言する「日本型クォーター制」なのである。この制度下では、教員の授業担当も、職員の勤務も四学期の内の三学期間だけとなる。ただし、いわゆる「夏休み」という毎年恒例の休暇はなくなる（とはいえ「お盆」などの祭日はそのまま残るし、有給休暇を取ることも可能だ）。その代わりに四学期間のうち一学期間を利用して研究活動や本の執筆に勤しんだり、政府機関やシンクタンク（政策系研究所）、大学、NGO・NPO、国際機関、その他自分の学問的関心や政策提案を実現できる場所や、社会的貢献を評価してくれる場所へ出向したりすることができる。そして大学にいる三学期間は大学における職責に専念でき、教員にも大学にも効率的かつ効果的な制度になるのである。

効果的な休暇は、人間の生産性や効率性を上げる。これは経済界における常識であり、否定できない事実だ。学問も同様のはずで、教員・職員にとっても学生にとっても、ワーク・ライフ・バランスの本質である「仕事も私生活も充実できるライフスタイル」が実現でき、それぞれのさらなる向上を図れるというものだろう。ただし教員・職員は同僚との公平さを保つため、(その時期に休みたい人が複数いる場合は)原則として毎年同じ学期を休むことは認められない。ある年に教員が第二学期(七〜九月の夏季)を休暇にしたとしても、毎年その学期を休みにしてはならない。他の教員がその時期に休めるようにするためだ。もちろんこうした運営方法・ルールは協議のうえ決めていけばよい。

大学のネットワークや生産活動を拡充するため、サバティカルを過ごす場所を分散・交替することも奨励される。それぞれが異なる組織、大学、政府や国際機関、NGO・NPOに行くことにより、大学の宣伝ができ、他大学や機関について勉強し、知識や見解、そしてネットワーク(人脈)を深めることができる。この利点が大学にとっての報奨策となるのである。

教員は三カ月のサバティカルを取らずに「貯蓄」して二年おきに取得できる半年間のサバティカルとしたり、四年おきに取得できる一年間のサバティカルとすることもできる。この場合、同僚教員との調整が必要だが、研究や本人または家庭の経済的事情、客員教授のポストの都合など、サバティカルを長期日程で組まなければならない理由があるなら、原則として大学は(業務を忠実に遂行してきた教員であれば)その希望を却下してはならない。例えば連続した四学期分となる一年間の休暇を取得するには、教員間の大幅な調整が必要である。しかし大学はその準備に三年を与えられている（休暇の取得方法、あるいは取得した休暇の埋め合わせをどうするか、お互いの権利と義務を前提に協議すればよいのである）。教員が得られる機会の詳細については、次の章で説明する。

職員も同様に、追加的学習や訓練、ボランティア活動、あるいは業務関連で海外の大学との交流などに参加するため、原則として休暇取得が認められるべきだ。いうまでもないが、一人ひとりが向上しながら健康的な生活を送るための環境やワーク・ライフ・バランスは欠かせない。学生も「貯蓄」をすれば二年で基本的に連続した二学期間を休みにできるので、長期間のインターンシップや留学が可能となり、「自由な学期」をさらに「貯蓄」して一年間の海外留学さえ実現可能となる。ただ学生は、各学期をボランティア活動、留学、インターンシップ、研究など、さまざまな目的に活用して多彩な機会を求めるのではないかと考える。もちろんその順番は自由だ。この内容は第六章のテーマとする。

✓日本型クォーター制の導入

日本型クォーター制は迅速な導入も可能だが、影響がおよぶ全ての当事者が新制度を吟味し、準備を整えるには四〜五年の計画が必要となろう。なお評価の機会を与える期間を設ける必要があるので、六年目、七年目までの計画を描いた。計画はおそらく表3－6のようなものになる。

この導入計画は、アメリカを拠点とする大学が学年暦を変更した際のものを参照したが、全く同

表3-6　日本型４学期制度導入の５カ年（前後）計画（案）

初年度	４学期制度の考え方とメリットの査定、大学にとっての利益の厳正な検討。４学期制度導入の決定。
1 年目	導入委員会の結成。一般教養と必修科目（コアコース）についてのカリキュラム改訂案作成。
2 年目	専攻と選択科目についてのカリキュラム改訂案作成。
3 年目	大学案内、シラバス（目録）、学年暦の見直しと準備。
4 年目	大学案内、シラバス（目録）、学年暦の見直しと最終校正。その後、公式発表。
5 年目	制度実施
6 年目 7 年目	再評価。必要に応じて再調整。

じというわけではない。もっと迅速に二年から三年での導入も可能だろう。理想をいえば、新制度をより良い形で導入するために、既にクォーター制を導入しているアメリカの大学とその学生の意見を聞くことも考えられるだろう。それらの大学と姉妹校となり、教員、職員、学生の人的交流など連携の対象とすることもできる。

さらに重要なのは、利害がなくやや批判的なグループ、いわゆる「レッド・チーム」によって実施計画や決定を検証すべきということである。そうすれば、大学や地域にとって有効か否かを公平に判断できると期待される。知的誠実性をもって判断すれば、私の提言は支持されると確信している。日本の大学は教育や機会を十分提供しておらず、死にかけている。患者になった大学を救うのは日本型クォーター制しかない。

✓まとめ

かつて私は、キャンプ・スミスにある太平洋海兵隊司令部に新設された初代の客員研究員としてサバティカルの一年をハワイで過ごし、二〇〇五年の夏の終わりに日本へ帰国した。この直後、日本型クォーター制についての最初の提言をまとめた。同じ大学に勤める若手の同僚は大きな関心と支持を寄せてくれたが、年配の同僚からは（不透明で議論さえ交わすこともなく）言下にはねつけられた。もちろんそこには正当な指摘もあったが、ほとんどの主張は彼らの創造力やビジョン、理解力の欠如から来るものだった。日本では五〇代の人々は、定年まで新しいことをしたくないとよくいわれているが、まさにそのとおりだった。元気で使命感を持つ若い人に早くバトンタッチしないといけない。

例えば当時の研究科長は、即座に私の提案を却下した（その通知は、電子メールで翌日すぐに送られてきた）。外部の財団との仕事を通じて見知っていた新学長も、返信されたメールを読む限りは明らかに内容を理解していなかった。私は教育者、知識人、哲学者としてこの教授を尊敬していたので、その反応に驚き、失望した。さらにのちの研究科長になった人のコメントは、最も批判的かつ屈辱的なものだった。彼らの指摘にいくつか正当なものはあったが、多くは単なる言い訳に見えた。その一つが「学生のことを考えろ」というものだった。つまり私が提言する日本型クォーター制は、学生にとって難しすぎるかのようなニュアンスだった。

ただ皮肉なことに、私が一番に考慮していたのは学生のことであった。彼らに一生を通じた刺激的な教育経験や基盤を得てほしかった。学生たちが私の考えを積極的に支持していることも把握していたのである。残念ながら私と次期研究科長は、教育、世界における日本の地位、そして学生たちの挑戦する能力についての見解が完全に異なっていたのだろう。

私は、日本の大学のトップの多くが「リーダー」ではなく「管理者」だと感じる。行き詰まった状態から抜け出すには、モーセとまではいわないが、リーダーが必要だ。私は大学で拒絶され、大学を離れて提言を世に広く問わねばならないと強く感じていた。

私が受けた否定的な主張には、二つの要素が影響していると考えた。一つは専門分野のことで、私の勤めた大学院で長く主流となっている法律学・経済学などの分野では、歴史学、政策科学、国際関係学などで行われるフィールドワークや記録文書の調査があまり必要とされないという事実である。これらの分野は研究室の机上で事足りず、できるだけ現地に足を運んで観察やインタビューを行うことで、現場経験をもち、現地の図書館で調査に取り組んだりする必要に駆られる。したがって私や、同じ考えをもつ同僚の仕事のほとんどは「研究室の外」で行われるのである。新しい重要な人脈を作り、必要なインタビューを行い、知見を共有するために現場に出なければならなかった。にもかかわらず大学にいなければならないという。それが学生・院生との接触、授業を行う最重要の理由なら良いが、一日を雑用雑務、書類作成、委員会などで過ごせというのは間違っている。

また日本の大学教員の一部が私の提言を受け入れ難かった理由は、おそらく大学上層部が実際に海外で学んだり勤務したりした経験がなく、大学以外の他機関での経験も浅いため、比較する眼力がなかったからだろう。それでも大学の管理はできるだろうが、勇気ある大胆なリードで大学を新しい世界に導くことは難しく、慎重すぎて古く崩壊したシステムに居座っている。

一〇年前、中央教育審議会の大学分科会でクォーター制の導入が検討されたが、推進はされなかった。(57) 概要資料は文部科学省のウェブサイトで閲覧可能で、私は文書の担当部署である高等教育局に対し、誰が、なぜ、その提案を作成したのか問い合わせたが回答は得られなかった。日本の官僚機構における意思決定は旧態依然として不透明のままである。

第四章　研究と教育の両立と社会貢献

――教員にとってのメリット――

「人をただフェンスで囲むだけでは、彼らは従順な羊のようになるだろう。必要なのは人々に適切な空間を与えることである。」

――ウィリアム・マックナイト（一八八七―一九八七）

✓はじめに

研究者にはさまざまなタイプがいる。学内あるいは社会一般に知的交流を好まず、研究室（どころか自宅の書斎）に閉じこもり、めったに出かけない人がいる。大学には遅く出勤し、挨拶せずに帰り、学生や同僚との接触を最小限に抑えるのだ。

逆に学生とできるだけ一緒に過ごしたり、外で調査に明け暮れたり、他大学やシンクタンク、政府、軍、国際機関、NGO・NPOなどの代表者たちを訪ね、彼らが直面している最新の課題や話題を調べたり、考え方や問題解決の傾向を分析したりすることを好む研究者もいる。後者のタイプは、自分の研究が専門領域に寄与するだけでなく、その分野に関わる政策決定など社会全体で最大限に活用してほしいと考えている（図4－1）。私は後者であり、後者のタイプが好きだ。

これらの中間くらいの考えの人もいる。中には仕事をしている人もいるが、多くは努力していない。学生はどのような先生の下で勉強したいだろう？　あるいはどのような同僚と仕事したいだろうか？

二〇一一年三月一一日に始まった悲劇を経て、日本の大部分の地域を物理的に再建し、生活を回復し、その教訓を世界全体で学び、共有すると共に次世代へ継承する必要がある中、研究者の役割と大学の機能は一層重要となってきている。災害で失われた尊い人命が無駄であってはならない。

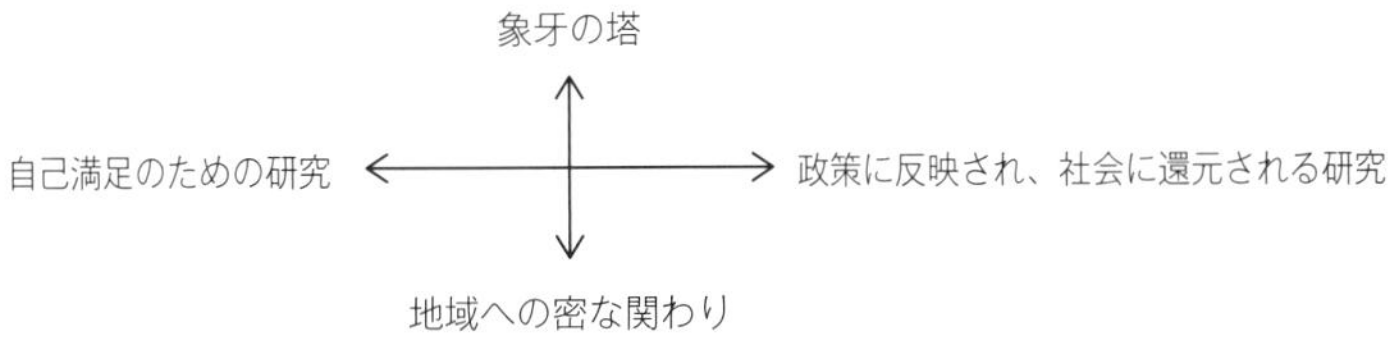

図4-1　研究者による研究と社会への関わり

どの教員も、社会全体のためにより良い学者、研究者、教育者になることに焦点を当てるべきだ。それこそ日本が本当に立ち直ることのできる秘訣だろう。コロナ禍の対策でその知的な結束力がますます必要だ。

しかし社会の中で活動することを望む研究者にとっては、大学運営に関わる雑用が積極的な活動や調査研究、執筆にたびたび水を差すことになる。指導にも十分な時間が取れないため、学生たちも満たされない。日本の大学教員の生活は二四時間三六五日、ひっきりなしの邪魔に侵されており、その多くが教員ではなく、職員や経営者に最初から判断を一任できる、またはそうあるべき内容なのである。

私が感じた最悪の一例は、委員会での会議だった。私が勤務していた大阪大学を例に挙げると、複数のキャンパスがある都合上、大学全体の委員会が、私の研究室のあるキャンパスからタクシーで二五分ほど離れたメイン・キャンパスで開催されていた。二〇〇八年に大阪大学と大阪外国語大学が合併されたことから、同様の距離に離れている箕面市の第三のキャンパスもあった。各キャンパスとの往復タクシー料金はおよそ六〜七〇〇〇円かかった。三六〇〇円ほどで電車を使う方法もあったが、駅までの徒歩、乗車、乗り換えなどで片道約一時間かかってしまう。無料のシャトルバスはより多くの時間を失うし、混雑のためすぐに乗車できないこともあって多忙な教授陣にとって実用的とはいえなかった。

委員会には教授たちの他、一部スタッフや代理者を含む五二人が出席していた。会議は約一時間半から二時間に及ぶ。その内容の大半は、単なる情報共有であったり、事前に決定されたことの「承認」だけを意図していた。私が行った質問には答えがなかったり、後で検討するなどとしてその場で満足な解答を得られたことはあまりなかった。そのうえ会議は予定より遅れて終了することもあり、各教員の研究や学生指導の時間を毀損し、勉強会や来訪者との面会、時には授業にまで遅刻するという結果を生み出していた。

これらの会議は大学全体にとって時間の無駄であるだけでなく、予算の大きな流出でもあった。私はある会議中、あまりにも退屈で、参加教員・職員の数と給料から通勤費を除外しても、そこに費やされる人件費が各会議で少なくとも一〇〇万円と試算したことがある。

昼間（多くの教員は朝が苦手なので、会議は午後に設定される）の意味のない会議への出席により、その間に可能だった生産的なことはつぶされる。メモ取り以外に参加する必要がない職員もいるので、より重要な仕事も行われていないことになり、無駄な残業時間も増えていただろう。移動で失った時間や燃料も計算に入れると、無駄になった予算はさらに数十万円上乗せしなければならない。しかもこの無駄使いは、予算削減、給与削減、授業料増加を憂う時代に行われているのである。

しかもこのような会議は一つではない。委員会の割り当てに基づき、私は毎月一二以上の同様の会議に出席していた。複数の委員会や会議の多くは、教員たちがよく知らない（または特別な関心がない）問題についてだった。ときには議論の主題に関する予備知識のないまま、委員会に出席できない同僚の代理を務めることもたびたびあった。それは主催者が議論を望んでいたわけではなく、体裁を整えるためでしかなかった。

教授会は、私にとってもう一つの痛みを伴う会議だった。「事前決定」の情報共有のために会合や打ち合わせをする「懇談会」と呼ばれる儀式が行われる。実際の重要な決定はそこで行われるのだ。例えば次の研究科長を「選ぶ」にあたって誰を応援するか、まとめて知らされていた。そして上級職に女性はいないので、それは常に「彼」であった。その透明性や説明責任を欠いた姿は、旧ソ連の党政治局のようにさえ思えた。私はジョージ・オーウェルの小説『一九八四』に登場する「二重思考（ダブル・シンク）」や、人気テレビシリーズ『トワイライト・ゾーン』にありそうなシーンを思わずにいられなかった。

さらに各部署でも独自の委員会が開催される。中には建設的な議論もあったが、大抵は退屈で役に立たないものだった。事例ならいくらでもあるが、二〇〇七年に始まった「カリキュラム改革」委員会は特筆すべきものだった。前述の通り、大阪大学と大阪外国語大学の合併があったが、その際にクラスの提供とスケジュールの不調和を解消する努力がなされていなかったため、改革はタイムリーに行う必要があった。そこで私は「五つの原則」を提案した。

一　教員は、同時間帯に提供される同じ分野の科目の提供を避けるべきである。

二　留学生や英語で勉強したい日本人学生のために、教員は、一学期に一科目を英語で提供すべきである。
三　社会人学生のために、教員は夜間または週末の勤務時間外に一科目を提供すべきである。
四　学際的な授業を展開するために教員は可能な限りチームティーチングを実施すべきである。
五　教員は毎年自らの教材や教え方を向上させ、更新すべきである。また教員同士の公平性、あるいは学生たちの都合を考え、授業スケジュールが毎年同じ日時・期間となるのは避けるべきである。

私は、なぜこれらが重要かという理由を説明したいと申し出た。そのたびに「来年、議論しましょう」と言われ、次の年にきくと、同じ返事が続いた。私の提案は結局いずれも実施されなかった。結果、大学の提供プログラムの質と学生の選択肢は明らかな打撃を受けており、また当時の委員長がアイデアを端から無視する姿を見て、私はさらに失望を深めた。具体的・建設的で実施しやすい提案を却下するのは、若い教員に発言権がないことを示唆していた。だったらなぜ会議を開いたのだろうか？　今日、ビジネスや組織の管理で「意見や要望を無視されたこと」が従業員を失う理由の最も多い一つにあることは常識である。皮肉なことにそれを教えているはずの大学こそ、いまだにこれを理解していないようだ。

教員の努力と能力は、長年研究・訓練してきた教育者、研究者、知識人として費やす方が社会に貢献できるはずだ。少なくとも私は、最善の意思決定を行うのに十分な知識を持ち、また助言が活かされる会議でなければ参加する意味がないと考えている。しかし小泉純一郎政権下で行われた二〇〇四年の改革をきっかけに、大学や教員にますます多くの負担がのしかかった。既に貧しい状況にあった研究（そして教育）の環境はさらに悪化した。私が提唱する日本型クォーター制が導入されない限り、日本の大学はこの勝てない状況に運命づけられている。


第二章で詳しく述べたが、（日本人が圧倒的多数を占める日本の大学と違い、多国籍の教授陣を擁する）[58]アメリカの大学に勤める教員の多くがクォーター制を評価するのは、一定の学期数だけ授業を行えば調査研究を行えるまとまった時間を確保できるからである。年間の書類事務が少ないセメスター制を好む教員であっても、長期間の夏休みを利用して研究や調査旅行ができるのである。授業と研究のバランスが取れた制度のおかげで、アメリカの研究者は最新研究に取り組み、世界の各分野を制覇している。そして大学が国内外から学生や研究者を引きつける磁石のような存在になっているのである。

これに対し、日本の研究者には十分な夏休みもなく、サバティカルさえ取得できない学部が山ほどあり、余計な書類事務、委員会業務、はたまた「これが教員の仕事か？」という雑務を抱えて悩んでいる。その一例が、知的な議論をリードできず、さらには授業で主に北米やヨーロッパの研究者の著書や論文を利用している教員たちの姿である。そしてより良い研究環境を求める研究者は、日本の大学から出ていってしまう。

私の提言は日本の大学教員を力づけることを意図している。研究や執筆に集中する時間を与え、大学やシンクタンクでの客員研究職、国際機関や政府機関などでの顧問職などを務める機会を通して彼らの研究成果が世に送られることを促し、最先端の研究者として国内外での存在感を高めさせるのが、私の目的である。日本型クォーター制の内容を知れば、日本に移住したくなる人々は増えるだろう。

しかし現状は理想とかけ離れている。日本の研究者と著作は、海外でほとんど知られず、専門分野の議論の最先端にいないのが現実である。複数の理由があるが、①比較的低い英語力（これは海外や国際的な環境で定期的なサバティカルを取り、より多くの国際的な同僚や留学生を持ち、英語で出版経験を持つことで克服できる）、②サバティカルを取らないことによる国際的な人脈の少なさ、③時間のなさによる質の悪い（あるいは量が少ない）研究成果、が挙げられる。

柔軟なサバティカル制度がなく、さらに学内での同調圧力によって教員が休暇をとるのを遠慮するのは悲しいことだ。多くの若い有望な学者が不要な事務処理、委員会・会議への出席などで疲弊している。特に若い学者は研究を発信し、現場の専門家と迅速に調査結果やモデル、理論、結論、データ、情報源などの正確性を確認する必要がある。研究や教育と関係ない雑務を大学で一日中させられていては、そんな時間を確保できるはずがない。繰り返しになるが、三・一一の悲劇を鑑みて、私は学者を最大限に活動させる必要性を強調してやまない。

本章では、日本型クォーター制が教員にもたらすメリットを紹介し、教員が制度をどのように活用して研究や授業、政策提言、地域社会の活動に貢献するのかを説明する。より良い教育者、信頼される研究者になるためには、研究、情報、経験を共有し、反省し、参照することによって学ぶことが第一である。

✔教員にとっての日本型クォーター制の活用法

既に言及したように、教員は毎年一学期間のサバティカルを取得できるようになる。また調整して条件を満たせば、数年おきに二回続けて取得したり、四回連続させて一年間（または複数年連続）のサバティカルにすることも可能だろう。授業や事務作業から解放される休暇が得られるため、教員は綿密な研究や執筆ができ、確実に新しい論文や著作を発表できるのである。さらにサバティカル期間に別の大学やシンクタンクの客員教授・客員研究員となって視野を広げ、人脈を築き、グローバル化の時代にますます重視される大学のネットワーク形成に資することもできる。大学が戦略的に教員、職員、学生を派遣すれば、さらに強い連携を構築できるだろう。

こうして誕生し、緊密になった協力関係は、新たな共同研究事業、教員や学生の交流の制度化、シンポジウムやセミナーの共催、複数専攻プログラムを含む互恵的事業などにつながっていく。教員がサバティカルで培った人脈を活用すれば、拠点となる大学で学生にインターンシップの機会や就職先を紹介することもできる。現在ほとんどのサバティカルは、個々の教員に焦点を当てた限られたものであり、その可能性が重視されていない。

例えば、当時私は自身の大学を広く紹介したり、交換留学生を増やしたり、教員との知的交流を増加させるなどの他大学との関係促進、または卒業生との再会といった重要な交流の機会を会議等に出席する必要から、カットせざるを得ない場面にしばしば襲われたものである。

ここから、教員が空いているクォーター（一学期）を使用する方法を紹介する。

■研究活動

学問の質を高めるには、何より研究が重要である。日本の大学では十分な研究の時間を確保できない。結果として、本人のキャリアや専門分野のみならず、世界における日本の地位にも悪影響を与える。

もちろん分野によって、研究の種類や方法論には違いがある。一部の研究は自分のオフィスや研究室で事足りるが、現場調査その他の方法を介して行う必要のある研究もある。時間が限られていると、それらは本質的に限定されてしまう。しかし日本型クォーター制を導入すれば、時間を質の高いフィールドワークや研究に有効的に費やすことができる。

■執筆活動

教員にとっての日本型クォーター制の活用法の一つは、三カ月を論文・著作の執筆にあてることである。書くこと自体に多くの時間を要するが、信頼性の高い研究に基づかなければならない。したがって書き込みを開始または完了するには、研究が行われているか、少なくとも一定量を達成している必要がある。事前調査が不要なプロジェクトでも、執筆のためのまとまった時間が必要だ。日本型クォーター制なら、教員が執筆目的で時間を確保したいとき、「書くため」の一学期間という質の高い時間を保障できる。うまくいけば少なくとも毎年一冊あるいはそれ以上の著作を書くことができる。自身の業績や大学のイメージアップにつながる。

■国内大学での客員教授

日本の研究者は会議や研究グループの場で定期的に個人レベルでの交流があるが、大学レベルでの交流は極めて少ない。さらには学部内での教授陣の相互交流さえ、海外と比べれば希だといえよう。換言すれば、大学が横の連携に貢献していないのである。

日本型クォーター制はより長期間、教員が他校で客員教員を務めることを可能とし、そのため大学間の交流を促進しうる。この交流は互恵的なもので、教員は他校の立地、資料、設備、ときには教員の手を借りて自分の研究を円滑かつ効率的に行える。受け入れ先の教員と学生も、交換あるいは受け入れた客員教員との議論を通して恩恵を受けることになる。

もちろん交換を行った両校ともに、研究テーマに限らず大学が直面する課題について理解が深まり、予定していた合併・統合に向けて将来的な相互協力に関する考え方を共有できるという便益がある。理想的な対応としては、受け入れ先の大学で客員教授がセミナーや授業を担当する際、他校の学生や研究者も訪れることができるようにすれば良い。事実上の相互交流、人的交流となりうるし、こうした機会は相互的な刺激となる。

■海外大学での客員教授

類似の取り組みは、海外の大学でも可能である。さらにその大学が勤務校と姉妹校であったり、先方の教授陣が大学間の公式な関係構築に関心があったりする場合、教員の交流は特に重要な意味を持つ。

教員は新たな広い人脈を得られるだけでなく、外国語のセミナー、会議、その他の会合、国際的な専門誌に研究成果を発表する機会も増えるのである。また勤務校の学生のために海外留学の道を探ったり、優秀な研究者や講演者をスカウトして勤務校での講師・客員教授・正規教員などとして招いたりもできるだろう。

■国内のシンクタンク（政策系研究所）での客員研究員

教員は、日本国内のシンクタンク（政策系研究所）で客員研究員を務めることもできる。肩書きだけ、あるいは事業ごとに設けられる既存の客員研究員と異なり、長期滞在しての研究が可能となる。研究者や政策立案者自身を問わず、政界の最新の考え方に触れる機会を与えてくれる。こうした機会は大学、ことに東京以外の大学ではあまり得られない。教員も自分の研究に基づき、その理論的・実証的を問わずシンクタンクにおける議論に貢献できる。

さらにシンクタンクで客員研究員を務めることは、組織レベルでの共同研究事業や卒業生の採用先、在学生のインターン受け入れ先や就職先、シンクタンクへの寄付者、取材するメディア関係者やイベントに参加する他の研究者との交流、教員として適当な人材のスカウトなどにつながる可能性もある。

■海外のシンクタンクでの客員研究員

教員が一学期間を利用して海外のシンクタンクで客員研究員を務める場合、国内でのそれと同じ（あるいはそれ以上の）メリットが得られる。日本と違って海外では研究所の価値や存在意義をより評価している。予算も潤沢で、設備も整っており、政策に相当な影響力を持っている。(59) それに携わるという貴重な経験を得ることができる。

海外ではより幅広く意見を交換できるだろうし、外国語でまとめた研究成果をシンクタンクの刊行物、ウェブサイト、会報、セミナー、ワークショップ、会議などで発表することもできるだろう。また学生の採用やインターンシップの受け入れにつながる人脈を築ける他、教員が優秀な研究者や講演者をスカウトし、勤務校への招聘や長期雇用につなげることも可能となる。

■政府機関での客員研究員

日本では、教員が政府機関で働く機会はまだ少ないが、増加しつつある。日本型クォーター制によって政策関連の研究に携わる教員が政府機関で客員を務める機会が増えれば、共同研究、政策過程の分析、政治課題への提言なども行えるようになる。こういった連携は教員と政府の双方にとって有益であり、大学全体はいうまでもなく、学生にも恩恵がある。

さらに政府高官が定期的に大学に赴いて客員講師を務めたり、何らかの客員を長期的に務めたりすることも可能だろう。受け入れ先となる政府機関と教員のつながりは、その機関での学生のインターンシップを可能にするし、現在から将来にわたる政府機関のニーズに関する見通しを示して必要な人脈を提供できることから、その機関への学生の就職にも道を開くだろう。

■国際機関での客員研究員

日本は外交力・軍事力における中堅国家として、国際機関の役割を高く評価している。

しかし相対的には、国際機関での日本人職員の影は薄いといわれている。教員が国際機関における客員研究員となれば、このギャップを埋める手立てになりうる。教員は政策形成に貢献できるだけでなく、自分の見識を直接議論に加えることもできる。

学生に将来のインターンシップや就職の機会が開けるのも、この連携と、必要な人脈が培われる結果である。

■企業、報道機関での客員研究員

共同研究の実施や研究成果の発信、また受け入れ先での取材や学びを目的として企業や報道機関も新たな受け入れ先となりうる。何より、企業や報道機関における実践的経験は、今日非常に大きな意味をもつ。高等教育も激しい競争にさらされる時代にあって、大学は経費削減の方法や市場そのものを学ぶ必要があるからである。第八章で触れるが、日本型クォーター制の取り組みでは、企業は社員を大学に派遣して共同研究に取り組んだり、さらに高度な教育を受けさせることができる。

加えて教員と企業・報道機関との間につながりが生まれると、学生がその企業でインターンシップを経験し、企業は優秀な学生を将来の人材としてスカウトできるだろう。企業で客員研究員を務めれば、倫理的な規定を守りながら教員は研究費を心配する必要がなくなり、大学にとっても教員のポストを守る財源を得ることになる。

■国内ＮＧＯ・ＮＰＯでの客員研究員

教員が客員研究員を務める場所としては、国内のＮＧＯやＮＰＯもある。教員は知識やその他の形での支援を行いながら、活動する分野全体が抱える最新の課題や懸念を知ることができる。さらに将来的な共同研究の実施につながるし、授業やインターンシップ、就職面でもつながりができるので学生にもメリットがある。大学にとっても、客員講師、非常勤講師、常勤研究員・教員になりうる人材のスカウトを同時に行うことができる。

■海外のＮＧＯ・ＮＰＯでの客員研究員

海外のＮＧＯやＮＰＯで知的な役割を果たす場合にも、同じメリットがある。国際社会が直面している課題への貢献だけでなく、日本の評価も上がることになるからである。他にも、一般的に日本より先進的で成熟しているといわれる海外のＮＧＯやＮＰＯの業務・マネジメントの経験が得られる。

ＮＧＯやＮＰＯの活動分野が専門分野でもそうでなくても、教員はより大きな支援を獲得できるだろうし、業務を理解するために得た見識を人々に伝えることができるだろう。

■地元、国内、海外におけるボランティア活動・地域奉仕活動

最後に、日本型クォーター制を活用して教員が積極的に取り組める重要な活動は、ボランティア

活動を通じた地域社会への還元である。

地域社会でのボランティア活動は研究に直接関連しないように見えるかもしれないが、日々の生活を充実させ、社会に貢献する手段になりうる。近所だとか国内外だとかいったことを問わず、教員は活動への参加で自分の研究や社会における大学の役割について新たな視点を得ることができるし、交友関係が広がり、当初よりも強い連帯意識を持ち活発で思慮に富む、成熟した人間に成長できる出逢いを得るだろう。

二〇一一年三月の東日本大震災と津波、二〇一六年四月の熊本地震、二〇一八年の豪雨などの自然災害は、ボランティア活動の重要性を世に示した。私の場合、関西や沖縄で少年院でのボランティア講師を務めている。仕事を持ちながら、その他のボランティア活動もする。毎年の一学期間をボランティア活動に専念できればとても嬉しい。おそらく他の教員も同じ気持ちだろう。

第五章　スキルの向上・探究活動
——職員にとってのメリット——

「あなたが理解し、注力しなければならないのは、物語の脚注に記されることではなく、あなた自身が自分の物語を演じる俳優となることです。」

——ヴァージル・A・ウード博士（一九三一—）

✓はじめに

日本の大学、少なくとも国立大学においては、職員はチームの一員というより「召使い」扱いされているのが一般的だ。彼らは無作法に話しかけられ（あるいは無礼な表現で話題にされ）たり、評価されない、もしくは低い評価を受けることが多い。特に教授会やその他の会議で、私は教授陣の職員に対する態度に驚いた。書類作成や規定・規則の確認作業で彼らに丁寧に助言を求めることはなく、どちらかといえば命令的だった。残念ながらチームの一員として見なされていなかったのである。これは個人の性格的な問題ではなく、制度や慣習上の問題である。

しかし実際、彼らの役割は大学運営上重要であり、正しく権限と発言権を認めれば、学生の人口減少（定員割れ）、入学する学生の質の低下、説明責任や透明性の要求、社会人学生のための環境整備、広報、マーケティング、寄付金集め、地元のビジネスや地域社会との連携など、二一世紀に大学が直面する課題の対処により貢献できる。にもかかわらず、大学は教員に大学運営やカリキュラムの細かい部分まで関与を求める一方、職員をただの書類整理係としてプロフェッショナルとしての努力を求めないために、彼らは人間として向上できていない。彼らは概ねとても熱心で、高いレベルの経験を積んでいるにもかかわらずだ。その状況に失望して辞める人がいるし、早期退職する人もいる。身体的・精神的な疾患を起こしてしまう人もいる。

私が考えるに、成功する組織は「人に投資する重要性」を知っているものだ。例えば私が勤務した、沖縄県を拠点としてキャンプ・フォスターに司令部をおく在沖縄アメリカ海兵隊では、専門性を開発するための多数の研修と教育の機会、休暇を人々に十分に与え、家族との時間を保障し、努力を評価し、チームワークを強調した（もちろん時に悪い司令官などもいたが、他と比較すればとても良い職場環境だった）。私が海兵隊に勤務していた間（二〇〇四〜二〇〇五、二〇〇九〜二〇一五年の二回）、私の提案や進言は献身的で思慮深いリーダーたち、そして信頼できるチームワークを通じて一〇〇％承認・実施された。教育・研修プログラムも充実し、成長する機会がたくさんあった。そのうえで個人的な時間は守られ、肯定的な経験をする機会を与えてくれた。大学での勤務を振りかえるとき、海兵隊でのそれと同じ評価はできない。

それらの経験から私は、大学職員も教員も、専門性を高めたり学んだりする休暇が必要だと考える。彼らが専門性を高めることは、彼ら自身の満足感や意欲のためだけでなく、大学全体の利益を考えても不可欠だろう。例えば経営学修士（ＭＢＡ）など専門分野での学位取得や、語学の習得、海外の大学などとの人事交流、国内外を比較する経験をするための海外視察などを目的とした休暇を認めないのは、結果的に大学の損失となっている。

海外に非常に興味深い実例がある。例えばアメリカの私立大学では、教員・職員の家族であれば授業料を免除する。食堂で働く方や構内の清掃員までもが対象だ。つまりその大学で働くことが大きなインセンティブになるのである。大学間の協定もあり、免除は相互に利用できる。日本の地方大学でこの制度を優先的、あるいは特別に導入できれば地方に残る若者が増えるかもしれない。しかし、縦割りの官僚制度である日本では、融通の効かない文部科学省が、また地方創生を担当する総務省がこうした啓発プログラムを許可したりはしないだろう。

大学職員が一人の人間として人格的、精神的、専門的に成長できないなら、本人だけでなくその家族を含めた私生活の重要性を害してしまう。多くの研究で、前述したワーク・ライフ・バランスの崩壊が、従業員に仕事を辞めさせる主な理由の一つと結論づけている。(一五人分の仕事に平均一〇人しか人がいないような最近までの状況で) 優秀な人材を見つけがたい現代、日本の組織は誰も失う余裕がないのである。

✓職員にとっての日本型クォーター制の活用法

大学職員は少人数で大学運営の中心を担うため、彼らが長期間 (例えば一学期間、つまり三カ月間) 職場を離れると、日々の大学機能に支障をきたす恐れがある。とはいえ本当に支障をきたすというならその経営能力に疑問符をつけざるをえないが、通年で俯瞰して休暇を分割し、一カ月の休みを三回、六週間の休みを二回など工夫すれば良いだけである。繰り返しになるが、「休み」という表現は正確ではない。勉強や研修などのための「休暇」の期間である。いずれにせよ大学職員も教員同様、原則として三カ月、半年、一年などのサバティカルの恩恵を受けるべきである。

次に大学職員が、どのように日本型クォーター制を活用できるか、いくつか例を挙げる。

■語学習得

最初に想定するのは、留学生への対応業務を担当する職員である。今までは多くの場合、特定の言語スキルや経験がなく、さらには外国人留学生に対処する能力を持たない人が割り当てられていることがある。

一般的に大学のカリキュラム、方針、決定は留学生の生活や勉強に大きな影響を与えてしまう。ところが傍目には有能な職員でも、留学生に必要な情報をはっきりと素早く伝えられない（さらに悪いことに、大学の方針や決定の多くはその内容だけでなく、背後にある理由も説明しなければ伝わらない）。また日本語を理解したり、自分をうまく表現できない留学生の要望をしっかり把握できていない事態に接し、心配になったりあるいは気の毒に思うような場面も多々あった。

ただしそれらの職員の多くは、プライベートを利用して外国語を学ぶ意欲はある。しかし日中の激務で疲れ果て、勉強する時間が取れないのである。三カ月、あるいは一カ月や六週間でもいいのだが、海外で集中して外国語を学ぶサバティカルを彼らに認めればどうだろう。語学の理解力向上という面でも、また留学生が直面する状況の改善という面でも、とても有意義なものになる。学生はより良い成績を上げられるし、全体的な学業成績と大学に対する満足度、評判は高まり、日本で過ごした日々への評価も高まるだろう。

■留学生コーディネーター

留学生コーディネーターも、日本型クォーター制を活用すれば国内外の大学を訪ね、そのやり方を実見できる。海外で学ぶ学生のニーズや不安、要望を知るため、自分の大学に多くの留学生を送り出している姉妹校や大学、あるいは国を訪ねると良い。課題を完全に理解して対応策を練るのに、数週間から数カ月は必要かもしれない。留学生の背景はさまざまであり、また職員に国際的な背景や知識が欠如していればなおさら、長期間の滞在や交流を通して得た見識でなければ留学生の抱える真のニーズとの落差は解消されないだろう。

日本政府は二〇〇八年「二〇二〇年から二〇三〇年までの一〇年間で、三〇万人の留学生を受け入れる」ことを目標としている。二〇一九年五月一日の時点で、日本への留学生は三一万二二一四人となり、すでに目標を達成したようにみえるが、依然として日本語学校が三割近くを占め、また、一つの地域が多くを占める[60]。

これらのことを鑑みると、外に出て意見交換したり訓練を受けたりすることは、大学サービスの質を向上させるのにとても有効だ[61]。

■経営・管理

次に、経営・管理でさらに上の学位取得を望みながら、職場で毎日の業務に忙殺されて希望が適わない職員を想定する。もちろん一学期間だけで正式な学位を得るのは不可能だが、数学期の課程なら二年から三年で修了できる。こうした学位取得は、大学運営への個人の寄与という点で向上につながるだろう。今後、文部科学省の保護がなくなることから、職員一人ひとりのスキルの重要性はますます高まっていくからである。

■図書館学

大学図書館や資料センターの職員も、日本型クォーター制を活用すれば国内外の図書館、公文書館、大学と公式な繋がりのある姉妹校、地元の公共図書館などを訪ね、場合によっては短期間の「実習生」となってどのようにサービスが提供されているのかを視察し、見識を共有することができる。二つとして同じ図書館はなく、どの図書館にも学ぶべき点がある。この事業を通じ、司書の質は向上するし、提供されるサービスの質も改善されるだろう。

あるいは図書館員個人が好きな作家・著者の出身地や作品に登場する重要な場所を訪れ、その人物について研究して発表したり、図書館内・キャンパス内で展示会などを行うための情報や記念品を収集したりすることもできる。図書館員は、収集した情報を使用して修士号・博士号を取得することもできるし、専門家としてどこかに派遣されて講演などもできるかもしれない。また研修・ボランティアとして、小さな地方自治体や教育委員会などにおもむき、町の図書館や学校の図書室の整備などを手伝う仕事もできるだろう。どれも素晴らしい社会への還元である。

■生涯学習コーディネーター

第八章で論じるが、日本の大学は少子化に伴う経済問題などに対応するため、従来いなかったタイプの学生に門戸を開く必要に迫られている。そのタイプとは成人学生のことで、既に働いていたり、結婚して家族をもち、定年退職した人などを指し、従来の学生より年配でニーズや目標も異なる。彼らは学費を納入して大学運営の役に立つだけでなく、再訓練やさらに上の学位を取得することで高度な仕事を担い、日本経済を支えることになる。するとそのニーズを熟知し、満足させられるプログラムを開発できるコーディネーターを育てる必要がある。好調とはいいがたい日本の経済状況において、生涯学習コーディネーターを務められる素養をもつ職員を見出すことは、これから特に重視されることだろう。

アメリカは、過去二五年以上に渡って成人への高等教育の機会を広げ、生涯学習プログラムの確立に成功してきた。日本型クォーター制はアメリカの大学への派遣を可能とし、コーディネーターの育成に活用できるのである。

現在シアトルにあるワシントン大学の気象学教授である幼馴染みの友人によると、オンライン教育を含めた柔軟なライフロングラーニング（生涯学習）を積極的に導入しており、相当な収入源になっていると聞く。

■教務

大学で最も忙しく、業務内容が厳しい部署は教務部である。大学にもよるが、入試事務局として機能することも多く、人々が大学の規則や運営、手続きに関する情報を求めて「まず向かう」場所である。教務の学事関係業務が忙しい理由はいくつもある。国内外の大学でそれらをどのように進めているのかを学ぶことは、職員にとって必ず役に立つだろう。そしてこれらのスタッフは、エグゼクティブ・コースやその他学習プログラムに参加したり、ボランティア活動に参加したりすることもできる。

ただし一つ、オフィス不在という大きな問題がある。三カ月の休暇は、特にスタッフの数が少ない状況ではかなり厳しい。この場合、メンバーが十分な休暇を取るためには、期間を分割する必要があるかもしれない。しかし、日本型クォーター制の理想的使用方法は一学期間そのものなので、その中の区分は本来の趣旨ではない。交代制などをうまく取り入れ、知恵を出して柔軟に編成することで解決は可能である。

■入試カウンセラー

日本のほとんどの大学では、教務が学部・大学院入学に関わる業務も担当し、多くの場合入試の実施も担当する。従来は若年人口が多く、積極的な入試プログラムはあまり必要とされなかった。しかし少子化で学生争奪戦が激化した今日、その重要性は増している。にもかかわらずそうした状況に適応できないまま、旧態依然として世間の評判だけに頼っている大学がほとんどである。

今後は優秀な国内外の学生を集める専門の入試カウンセラー育成が必ず求められる。そこで訓練の一環としてカウンセラーを海外に派遣し、大学をより効果的に国内外に宣伝する方法や、日本人学生・留学生を募集する最善のプログラムについて学ばせるのである。

私の従弟はアメリカのある私立大学で副学長（入学担当）を務めている。二〇年も経験を持つ彼によれば、バージニア州アーリントン市にあるNACAC（U.S. National Association for College Admission Counseling：全米大学入学カウンセリング協会）が、学生募集などの全体プロセスや戦略を学ぶ理想的な場所と説明してくれた。NACACは一九三七年に設立され、入学管理の実践基準を設定する中心的機関であり、その分野で仕事をする日本人はまずそこに行くべきだというのだ。

私もまた、この組織は客員研究員や研修生として提携するのに適していると思う。残念ながら日本には、このような組織は存在しない。そのため積極的に学生をリクルートしているアメリカやヨーロッパなどの国で学ぶと良いというわけだ。

■会計

会計も多忙な部署で、教務・庶務と同じく効率の悪さと膨大な書類事務に忙殺されている。しかし国内外の大学で処理されている会計業務を学ぶ機会を得れば、職員は業務の進め方の改善や、業務への理解を深められるだろう。なにより海外の大学の商業的側面を目の当たりにし、財団法人や地元企業との連携、卒業生による基金の設立という形で、日本の大学に新たな機会を生む可能性がある。また、海外の資金調達（ファンドレイジング）のノウハウを身につけることもできる。

■マーケティング・広報

その他の重要な分野に、マーケティングと広報がある。マーケティングは学生募集に必要不可欠なツールだ。また何か問題が発生した場合には危機管理や広報にも関係する。どちらの分野も学生数が減少し、競争が激化する中でますます難しい問題に直面するようになっている。

例えば東京医科大学で起きた（おそらく他の学校にもあると思うが）女性差別問題、福島大学の女性卒業生への性的暴行事件、日本大学などのクラブ活動における指導の倫理的問題、慶應・早稲田・帝京大学のクラブ活動などにおける性犯罪、いじめ、その他の多くの問題が報道されてきた。ここで重視されるのは、危機管理や社会に対するコミュニケーション、説明責任の能力である。そこで大学のマーケッターや広報担当者に異なる組織で勉強する機会があれば、彼らはそれぞれの仕事のための追加スキルと洞察力を身につけるだろう。

■インターンシップ・コーディネーター

次の第六章で論じるが、インターンシップは学部や大学院のカリキュラムとしてますます重視される傾向にある。高まるニーズに対処するため、インターンシップ・コーディネーターの育成が求められるだろう。

毎年、インターンシップを経験する学生は増えている。最新のデータ（リクルート社が発表した『就職白書二〇一九年』）によれば、二〇一九年に卒業した学生の五五・九%はインターンシップに参加したという。五年前の二〇一四年卒の学生と比べると二・五倍である。しかし、そのうちの七一・四%は「一日」の体験型のものだった。一カ月から三カ月間のインターンシップはたった二・八%しか経験していない。

まず日本型クォーター制なら、学生はインターンシップの機会を十分に活用できる。ただ日本は大学と社会の双方でインターンシップの経験が浅い。そこでコーディネーターを海外の大学などに派遣してインターンシップ事業を学ばせれば、より包括的で刺激に満ちたプログラムを作成したり、他校とアイデアや機会を共有したりするのに役立つであろう。

■実務者・経営者向け講座、夏期講座コーディネーター

日本型クォーター制は、実務者・経営者向け講座や夏期集中講座の開講に必要な職員のコンピテンシー（能力）向上に役立てることもできる。

その対象者には、事業家、国家公務員、防衛関連の当局者、公立学校の教師、国際公務員なども含まれる。多忙な専門家を対象とする講座を市場競争できる高いレベルで提供するには、類似の講座が国内外でどのように開講されているかを研究する必要がある。

■ボランティア活動

ボランティア活動への参加も、職員にとって日本型クォーター制の活用法の一つである。そのメリットは教員の場合と同じく、社会への還元を通じて充実感を得ることである。地元か国内外かを問わず、活動参加を通じて新たな交友関係や協力の機会が生まれるだけでなく、職場での自分の立場や社会における大学の役割について新たな視点をもった人材が育まれる。人間として成熟し、当初よりも意欲的になり、人生がさらに意義深く心豊かなものになるだろう。

特に日本で今後ますます必要とされるのは災害ボランティアである。東日本大震災や熊本地震、そして二〇一九年に相次いで各地を襲った巨大台風やその前年の豪雨のように、甚大な被害をもたらし、中・長期的な救援が必要な被災地域はこれからも出てくる。被災地ではさまざまな分野の貢献が求められることから、自らとゆかりのある地域であるなしにかかわらず、ボランティアは多様な人脈をつくりながら活動することができる。

アメリカでは、Tithe（十分の一税）というユダヤ教、キリスト教の伝統がある。収入の一割を寄付するというものだが、私は、人手不足や地域連携のうすい現在の日本社会では、「働く時間の一割」を地域や他人に寄付する制度が必要だと思っている。つまり、週に四時間、あるいは二週間で八時間をその地域、国、世界のために使う。そのために、特に社会人にとってボランティアをよりしやすくする制度上の社会的変革が求められている。本書で提示する日本型クォーター制による大学改革がすすめば、そうした制度の創設も可能になるだろう。

■企業体験

職員の日本型クォーター制のさらなる活用法として、各自が希望する企業の現場や事務所で「働く」という交流事業参加がある。こうした機会で携わる業務は、必ずしも大学での彼らの業務に関係するとは限らないが、職員は自分の業務や大学の使命について新たな文脈でより深く理解できるようになる。

そしてこの機会に広げた人脈は、学生のインターンシップ、雇用、資金提供、共同研究などにつながる重要な互恵関係の構築を促すだろう。

■医療スタッフ・老人ホームスタッフ

最新の医療問題や治療、サービスの提供について学べるように、キャンパス内の医療スタッフも日本型クォーター制を利用することができる。

特に、超高齢化が進み、人手不足の状況が悪化しているため、地域の病院や老人ホームといった現場を支える人材が必要だ。また、新型コロナウイルスやその後の感染病・パンデミックで、さまざまな現場で専門的あるいは事務的、その他の手伝いが必要とされるだろう。

■食堂の従業員およびその他の大学職員

大学の全職員は、専門的・個人的な成長のために日本型クォーター制を活用できなければならない（大学は一部業務を他企業に委託しているが、この場合でもそれらの組織が同様の機会を与えるよう願っている）。例えば、大学にはカフェテリアや食堂で働く者がいる。異なる環境で学びたい、異なる地域や外国の料理や調理方法、農業などを学ぶために海外に行きたい、そんな希望も許可されるべきだ。サービスの質は、最終的に必ず向上する。

締めくくりに言及しておきたいのは、大学はまさに大学職員向けの社外プログラムを実施することで、資金調達ができるという点である。

詳細は第七章に譲るが、語学習得、管理運営、図書館学などのプログラムがこれにあたり、新たなビジネスをこの方向で展開できる。つまり大学職員やスキルを磨きたいと考える人を対象に、国内外での研修に特化したプログラムを開講するのである。研修を受けさせるための職員の派遣や、指導者の招聘を通じ、大学は新たなビジネスと連携することができるだろう。

第六章　柔軟な学び方・豊かな大学生活

――学生にとってのメリット――

「私はいつでも学ぶ準備ができている。教えられるのは好まないがね。」

――ウィンストン・チャーチル（一八七四――一九六五）

はじめに

ここまで大学の教員・職員について日本型クォーター制のメリットを見てきたが、本章では学生や大学院生への恩恵に言及する。実は学生・院生（以下、学生）こそこの制度の最大受益者である。

これは二つの点についていえる。まず大学における教育とサービスの質が向上する。学生と保護者（そして納税者）は、かけたお金に対して得るものが増えるのである。もう一つが先にも触れたが、日本型クォーター制では毎年一学期間の休暇があるので、学生はボランティア、調査・研究、留学、国内外でのインターンシップ、卒業論文／学位論文などの執筆、またはこれらを組み合わせた活動ができる。本章では学生の立場から見た日本型クォーター制のメリットを紹介し、どのように制度を活用して教育経験や専門的な機会を増やし、個人的な成長を促すかを説明する。

学生にとっての日本型クォーター制の活用法

学生にとっての日本型クォーター制のもとでの活動のメリット、タイミング、活用方法は下記で詳細に説明する。

その前に、日本型クォーター制は昨今話題になっている「ギャップ・イヤー」というオプションより良い選択だと思われることに言及しておきたい[62]。ギャップ・イヤーを利用する学生の中には、高等学校を卒業してすぐ大学には入りたくない、またはその覚悟がない者もいる。彼らは高校や受験の勉強で疲れているかもしれない。あるいは大学で何を勉強し、将来どうなりたいかをまだ決めかねているかもしれない。また経済的な理由ですぐに大学へは進めない、大学を卒業できても奨学金（という名のローン）を返せない、という「投資対効果」の懸念をもっていることも考えられる。こうした若者にとって環境や状況の変化が大きすぎることは、勉強に逆効果をもたらす多くのストレスを発生させる。一〇代は人によって「難しい時期」であり、自分で物事を理解する時間が必要な場合がある。また学部時代に数多くの経験を求めているのに、大学は柔軟性に欠けていることからギャップ・イヤーを利用する学生も増えている。

私は、日本型クォーター制には柔軟性があると考えている。教室の外でのさまざまな経験から学ぶことは大切だ。学部時代にそんな体験を得るのに、ギャップ・イヤーのような親・保護者に不安を与える入学の延期や、あるいは休学など不要だ。

■ボランティア活動

最初に紹介する日本型クォーター制の活用法は、ボランティア（奉仕）活動への参加である。社会貢献になるだけでなく、人間として成長する機会となるこれらの活動は、国内外で実践できる。しかし日本では、ボランティア活動の機会がまだまだ限定的である。学生ボランティア活動のリストを一見するだけでも、アメリカの大学の方が社会貢献という点でいかに進んでいるかが分かる。卒業要件として、一定数のボランティア活動や地域奉仕への参加を学生に義務づけている大学が多いのである。

キリスト教系であるためその影響もあるかもしれないが、私の母校リンチバーグ大学では、地域奉仕は極めて重視されていた（ただし当時の卒業要件ではなかった）。SERVE（Students Engaged in Responsible Volunteer Experiences：責任あるボランティア活動への学生参加）という充実したプログラムがあり、その活動は「リンチバーグ大学の学生、教員、職員を支援して大学や地域社会、グローバルなボランティア活動への参加を促し、有益な奉仕活動を生涯にわたって行うことを奨励し、その活動が彼ら自身と社会に影響を及ぼすことを学ぶ」というものである(63)。

同大学で講演した二〇〇七年、私はこれについて調査したことがある。当時のSERVE代表クリス・ギボンズによると、このときおよそ二六％（六九四名）の学生が定期的なボランティア活動に参加し、奉仕時間はのべ四万八〇〇〇時間に及ぶという。これは一人あたり六九時間を超える。現在その数字はより高くなっているだろう。対照的に、独立行政法人日本学生支援機構（JASSO）が二〇〇五年末に実施した調査によると、日本の学生の一八・一％がボランティア活動に携わるという。JASSOは日本人学生と留学生の資金面や大学生活を支援する専門組織である(64)。

JASSOの前身の一つである内外学生センターが一九九七年に実施した調査では、ボランティア活動に携わる学生は七・二％だった。ましになっているとはいえ、日本はアメリカに比べてボランティア活動に参加する学生が少ないことが分かる。[65] しかもこの調査は実際の活動時間を調べていない。「ボランティア活動をしたことがありますか？」と尋ねるだけで「現在していますか」「毎週何時間していますか」といった詳細な質問を行っていない曖昧なもので、実際の合計時間はアメリカにはるかに及ばないかもしれない（残念ながら、ＪＡＳＳＯのサイトには最新のデータが含まれていない。しかし大学の支援制度や学生ボランティアの授業状況に関する短いレポートはある。[66] またボランティア活動やそれにおける大学の役割に関する有益な報告書を提供している[67]）。

個人的な経験からも、日本の大学はボランティア活動や社会奉仕を課題として重視してこなかったと思う。日本でもボランティア活動を奨励したり、場合によっては義務づけたりしている大学もあるかもしれないが、私は聞いたことがない。私は日本の大学が卒業単位としてボランティア活動（つまりコミュニティ・サービス）を必修または選択科目にすることを望んでいる。何より、学生がボランティア活動に携わるための「時間」を、大学が作り出すことを願っている。さらに希望を述べれば、学生に限らずボランティア活動や社会奉仕を一定の時間で義務付けるべきとも思っている。

なぜなら、それらの活動は人生を心理的により豊かにするからだ。企業や政府機関なども、居住する地域または仕事をする地域のために一週間に半日だけでもボランティア活動を許可すべきだと思う。より多くの人々がボランティア活動を行うことで、社会がどのように改善されるかを想像してみてほしい。

学年間の春休みに起こった二〇一一年三月一一日の震災の後、さまざまな大学がボランティア体験をより重視し始めた。これはボランティア元年といわれている一九九五年の阪神・淡路大震災後にも当てはまることで「不幸中の幸い」、つまり悪いことが発生する中で良いことも起きていることを証明している。この傾向がいつまで続くのか不明だが、その後の自然災害などでの全国的対応を見ると、かなり定着しているのではないかと思う。しかし、ボランティアはまだ足りず、またシステムが十分整えられていない(68)。

先述したJASSOによる同じ調査で、ボランティア活動の最大の障害となっているものは何かという回答は「大学が忙しすぎる」がおよそ五二・四%に上った(69)。この割合は一九九七年と比べて八ポイント上昇している。さらにボランティア活動への参加が難しい理由として、およそ三一・九%が「アルバイト」を挙げている。

私も日本語学校での一八カ月間と大学院在学の五年間は、ほとんど私費で通っていたため学費と生活費を稼ぐためにずっとアルバイトをしなければならなかった。こういった学生にとってアルバイトは死活問題で、学資補助や奨学金がない限り仕事を減らすことは不可能だ（私の場合、高等学校の卒業直前に父親をガンで亡くし、パリ留学の半年以外、四年一貫してアルバイトをしながら大学に通わざるを得なかった。だからこそ学費と生活費をカバーできるだけの収入の重要性をよく知っている）。

これらの数字が意味するのは、余暇をもっと有効利用できるように学年暦を再編成すれば、大学は地域奉仕の促進にもっと寄与できるということである。大学が地域社会に貢献するだけでなく、学生（および教員・職員）が参加しやすい学内環境を作る必要がある。大学生がある学年、例えば一年目に一年の四分の一をボランティア活動に費やせば、その経験を通じてよりよい社会を構築するために必要な教育とは何か、そしてネットワークを拡大し、将来関わる組織やビジネスの運営にどう活用できるかについて考える絶好の機会になる。非営利団体のほとんどはお金と人が深刻に不足しており、活動を寄付やボランティアに依存している。一度限りのボランティアでも悪くはないが、長い期間に渡ってコミットできる人は何よりありがたい。なぜなら場合によってトレーニングが必要なこともあるし、長期に渡って助けてくれる人がいることで団体は少し安心できるからだ。

簡潔にいえば、日本型クォーター制は学業に支障をきたすことなく、学生が地域奉仕やボランティア活動に携われるようになる。その経験が学生に達成感を与え、社会還元を行わせ、新しい友人や指導者との関係を築き、問題を異なる観点から眺めさせるようになる。これは教室で得られない教育手法だ。大学が地域連携を望むなら、もっと改善する努力が必要だ。すなわち、学生（および教員・職員）のボランティア活動や社会奉仕をより可能にする日本型クォーター制の導入に協力してもらいたい。

■留学

第二に留学が挙げられる。現在、海外に留学する日本人はわずか七万人余りで、そのうち二万人弱がアメリカに留学している。[70] ただこの中には留学目的が語学習得であったり具体的な専門分野のコースの履修であったりと幅が広く、また学部から大学院まで留学する学生もいれば、短期滞在だけの学生もいる。

いくつかのデータによると一年間海外に行くのはほんの一部に過ぎない。半分以上が「一カ月未満」だ（多くの場合これらの短期滞在は、南山大学などが集団で実施しているような教員と学生と一緒に行く授業の一環とされるものであり、本来の個人の留学の趣旨とは異なる）。フルブライト・プログラムによる統計では、アメリカに在籍する日本人学生の四九％が学部レベルで、大学院レベルで約一六％、非学位で約二七％、その他の目的が八％である[71]。そして冒頭の七万人という数字は、さらなる教育を求めて留学を決心した成人も含まれるが、日本の学部生のせいぜい二・八％でしかない。

海外留学する人数が限られている理由のごく一部を挙げると、外国語能力の未熟さ、資金不足、単位移行に関する不安、日本の学年暦との両立の難しさ、留学の奨励や動機付けの不足、先例となる人物が周囲にいない、などがある。そして日本の就職活動、いわゆる「就活」が特に留学への障壁になっている。

チャールズ・ダーウィンが名付けた生物学的現象「ガラパゴス症候群」は、日本国内市場向けに開発された製品を説明する際によく使われているが、留学しない、また国際情勢に興味を持たない日本人という状況にも応用されるようになった[72]。だが、現在、企業はますます海外経験を持つ人々を必要としている。しかし採用競争は依然として激しく、今のシステムで留学するのは経済的にも時間的にも難しい。留学の重要性は、どれだけ強調してもしすぎることはない。海外留学を通じて培われた異文化理解は、自身の母国についても多くを学ばせる。自国についてどんな質問をされても相手が満足する答えを提供できるよう勉強しなおし、また自国の長所や短所について考える時間も与えられるからだ。

さらに学生は異文化や社会に対する洞察力が身につき、将来の研究や仕事が左右される可能性もある。海を越えた人脈が、国内の大学では届かないレベルまで人を成長させることもできるのである。ドイツの実業家カール・アルブレヒトがいうように、「言葉を変えることは、考え方を変革させる」。

そういう意味から、単純な言語学習は国際的視点を持つ保証とはならないことを指摘しなければならない。外国語を読んだり話したりできても、外国文化を理解できているのと同じではない。それは始まりであって終わりではない。その旅の一部は留学や旅行（あるいは滞在）する国での生活を通し、愛し、泣き、汗をかき、働くことだ。

最近、日本の大学は海外の大学との結びつきを発展させ、関係を制度化し、奨学金の獲得や単位交換などを通じて問題の解消を図っている。しかし学生の消極的な態度に目覚しい変化はない。今後も継続して学生に留学を奨励することが必要だが、一方で大学側にも留学を後押しする構造的改善が必要である。それこそが日本型クォーター制の導入であり、学生はタイミングや学年暦との兼ね合いをあまり気にせずに長期・短期の留学ができるようになる。現状では、日本の学年暦との両立が問題だったからである。

例えば第二章で紹介した、クォーター制をとるＵＣＬＡで第二学期（冬学期）の授業を受けたい[73]と学生が望んだ場合、私が提言する日本型クォーター制の第四学期（一月一日〜三月三一日）とほぼ重なるので留学は可能である（表６－１）。

選択肢は他にもある。夏留学を希望するならＵＣＬＡが提供する夏期講座をはじめ、夏に授業やプログラムを開講する全米の数多くの大学が選択肢に入るだろう。学生が半年・一年といった長期にわたる海外留学を希望する場合も、日本型クォーター制は理想的である。二つのシナリオで考えてみよう。

一つ目は、冬学期に続けて授業を取り、長期滞在したい学生の場合だ。ＵＣＬＡを例にとると、三月末に春学期から始めて、六月上旬から中旬に終わる日程となる（表６－２）。

二つ目のシナリオは、英語力に自信がなく、目的の授業を受講する前に語学を勉強しなおしたい学生である。この場合、学生は日本型クォーター制でいう第二学期に留学をスタートする（私の案では、第二学期は七月一日に始まる）。学生は留学先での生活に順応しながら、少なくとも二カ月間を英語の勉強にあてることができる。授業がその年の秋（九月か一〇月）に始まるとすれば、学生は授業に先立って二カ月間の集中学習を済ませられるだけでなく、海外生活に順応する十分な時間も確保できるのである。アメリカの秋学期は一般的に九月（または一〇月）に始まり一二月に終わるので、学生は日本の大学での予定に支障をきたすことなく、秋学期を全て受講できることになる。もちろん学生の母校が対応できるなら、地域の言葉をもっと学びたいとか三〜四学期かけて長く留

表6-1　UCLAの冬学期

冬学期	日付
学期開始	1月4日（月）
授業開始	1月4日（月）
科目登録締め切り	1月15日（金）
キング牧師の日（祝日）	1月18日（月）
大統領の日（祝日）	2月15日（月）
授業終了	3月12日（金）
共通期末試験	3月13日（土）～14日（日）
期末試験	3月15日（月）～19日（金）
学期終了	3月19日（金）
シーザー･チャベスの日（祝日）	3月26日（金）

表6-2　UCLAの春学期

春学期	日付
学期開始	3月29日（月）
授業開始	3月29日（月）
科目登録締め切り	4月9日（金）
メモリアルデー（祝日）	5月31日（月）
授業終了	6月4日（金）
共通期末試験	6月5日（土）～6日（日）
期末試験	6月7日（月）～11日（金）
学期終了	6月11日（金）
学位授与式	6月11日（金）～12日（土）

学したいとかいった学生のニーズに合わせて、留学のシナリオを膨らませることもできる。

いずれにしても私が提言する日本型クォーター制では、日本の若者の留学はとても容易なものとなる。海外留学する若者の増加は日本の将来を優位にするために不可欠であり、したがって政府や大学が率先して取り組まなければならない課題である。

実のところ、私はどの学部や大学院の教育においても海外留学は必須事項だと確信している。もっといえば高校からやるべきだと思っている。だからこそ学生の誰もが、留学する時間を確保できる日が来ることを願っている。

■インターンシップ

インターンシップも、私が提言する日本型クォーター制によって、よりうまく展開できる活動の一つだ（なお前述したとおり、私は、ボランティアと共にインターンシップを義務的な卒業要件にすべきだと考えている）。

インターンシップは有給または無給で一時的に働く訓練・教育を目的としたもので、特定の産業・分野の実務体験を促し、また論文執筆に必要な情報収集を容易にする。人脈作りや自身の希望する将来の仕事を経験し、社会人生活の体験を得て、人間的な成長にも大きな効果がある。

インターンシップに参加する理由はさまざまである。専門的な環境で実践知識を身につけ、実務経験を得る。個人的あるいは専門的なコミュニケーションスキルを磨き、活用する。職業上の目標や関心を明確にする。生産的かつ専門的な作業慣行を強化する。より目立つ魅力的な経歴を作る。自分を知り、自信を得る。友人、同僚、相談相手となる交友関係を広げる。学部や大学院の論文、博士論文を完成させるのに必要な情報を収集するなどである。

私が勤務していた当時のOSIPPは（事前の講義、報告会、レポート提出に加え）日本で初めて履修単位を与えるインターンシップ・プログラムを設けた大学の一つであった。私はその科目で、NPOやNGO研究の第一人者である教授と一緒に授業を担当する機会に恵まれたが、彼は経済企画庁の元職員で博士号取得を目指して学究の世界に入り、経済学とNPO研究を教えていた。その授業は参加者が多く、院生は概ね意欲的だった。中にはインターンシップ科目があることがOSIPPへの進学理由の一つだという院生もいた。修士課程に入った者の半数以上が履修するこの科目は、通年科目で二単位に相当し、隔週で各九〇分の授業が行われた。

インターンシップ全体の概要説明（日本ではこの機会さえ不足している）を含むオリエンテーションの後、最初の授業で学生の目標について話し合い、教員は院生に適当なインターンシップを探したり、契約書、紹介状、推薦状を準備したりといった手助けをする。そして夏・秋・冬の約二週間（または数日、あるいは休学をして数カ月間ということもあった）、学生はインターンシップに踏み出すのである。なお授業では、ピア・ラーニング学習を積極的に取り入れている。前年インターンシップに参加した先輩に経験を紹介してもらいながら、全員が途中報告などを発表し、他の受講生から質問、あるいは助言を受ける。

ただ海外と異なり、日本のインターンシップは一般的に短期間である。これには三つの理由がある。最大の理由は、学生がインターンシップに専念する長期休暇を取れないことである。理由の二番目は、インターンシップの必要性への認識の低さから、長期間のインターンシップ受け入れを行う企業や組織が少ないことが挙げられる（日本企業のインターンシップは広報イベントとして活用されたり、将来の従業員募集のためということが多い。どちらの場合も利益を得るのは学生よりも企業である）。三番目の理由は、日本の高等教育の水準が一般的に手ぬるいことにある。ＯＳＩＰＰで共同担当した授業は、単位取得に（アメリカのセメスター制度における一学期と比較して）必要な授業の課題が課される他、学生は最低八〇時間（二週間または一〇営業日）のインターンシップを終了しなければならない。

とはいえ大抵の場合インターンシップは数日間しかなく、「会社と出会うだけ」の内容しかないことが多く、長期にわたる採用プロセスの最初の一歩として考えられているのが一般的である。換言すれば、アメリカのインターンシップは仕事そのものの体験で、まさに仕事仲間の一員となるのだが、日本のインターンシップは「見学」に近い。結果として学生は八〇時間を満たすために「インターンシップ」をいくつもこなす必要に迫られる。

残念ながらこの対応は最善とはいえない。規定上は満たしても、インターンシップ・プログラムの趣旨に沿うものではなく、すっかり長期化した就職活動の一部になってしまっている。対照的にアメリカのインターンシップ・プログラムはより成熟している。ほとんどの大学にキャリア開発プログラムがあり、コーディネーターは学生が適切なインターンシップに出会う手助けに専念する。またインターンシップに単位を認めるため、適性やその他の条件を含めた細かな手続きを定めている。私の母校リンチバーグ大学では、プログラム参加にあたって次の条件を学生に求めている。

1 履修登録の手続きを理解し、登録条件を全て満たす責任を負う。期限内の学費納入や、必要に応じたインターンシップ単位の登録も含む。
2 GPA（Grade Point Average）は二・二五以上必要である。
3 三年生または最上級生であること（秋学期に三年生に進級するので、インターンシップは夏に実施される）。
4 希望するインターンシップ受け入れ先を調査して申し込むこと。
5 指導教官と、職業上の目標と就職先への関心について話し合うこと。
6 指導教官および受け入れ先の監督者と共に、それぞれのインターンシップにおける目標と担当業務を積極的に進展させること。
7 履歴書を作成すること（学生就職課で支援する）。
8 希望する受け入れ先に最初の連絡をとり、面接を申し込むこと。
9 受け入れ先では、プロ意識を持って担当職務を遂行すること。
10 指導教官および受け入れ先の監督者と共に、契約書IおよびIIを期日までに完成させること。

11　インターンシップ期間の半分が過ぎた時点で、受け入れ先の監督者と面談を行い、中間評価をまとめること。
12　最終評価を学期末までに指導教官と受け入れ先の監督者に提出すること。
13　受け入れ先までの交通手段は自分で手配すること。

さらにリンチバーグ大学では、必要な手順や書類様式も明確に説明している。

1　契約書……インターンシップ登録には、「追加」期間の終了までに全用紙に署名すること。
2　学習目的……インターンシップが始まって三週間以内。
3　学生による中間評価……必要時数の半分が過ぎた時点。
4　受け入れ先の監督者による中間評価……必要時数の半分が過ぎた時点。
5　学生による最終評価……必要時数の終了時。
6　受け入れ先の監督者による最終評価……必要時数の終了時。

私自身も、一九八九年にインターンシップを体験した。インターンシップとセミナーの責任者は三名ほどいた。つまり全体を把握するプログラム・アソシエイト、仕事場の上司であるインターンシップ・スーパーバイザー、そして国務省で受講したセミナーの講師の三名で、他にアカデミック・アドバイザー、インターンシップ・コーディネーター、そして教務関係者の三名も母校にいた。合計六名が私のインターンシップ・プログラムをサポートしてくれたのである。そうした実体験を踏まえて考えると、少なくともOSIPPも含めて日本でインターンシップと呼ばれるプログラムの多くは、もっと改善して組織化し、より高いレベルの要求と期待を込める必要があると感じている。そうすれば、インターンの経験者は会社・業界をより深く知ることができ、仕事の内容・実態を事前に理解することができるため、入社してすぐ辞めるといったことは避けられるだろう。

日本のインターンシップはよくなっている面もあるが、依然として課題が多い。日本のインターンシップが発展しない一因は、前述したとおり、短期間しか確保できないことにある。なお多くの企業、機関、政府省庁は東京に集中しているため、地方の学生にはとても不便でもある。企業などがインターンシップ受け入れを躊躇するもう一つの理由（これで全てではないが）は、仕事を任せるための訓練が必要なことである。つまり学生のインターンシップがたった二週間では、企業などにとって受け入れる利点がない。しかし学生が一学期間ずっと働けるなら、企業、政府機関、またスタッフの少ないNGOやNPOといった団体も学生の訓練に必要な労力をかける気になるだろう。

そこで日本型クォーター制は、学生が希望し、受け入れ先が同意した場合に三カ月間（または連続した学期で半年間）インターンシップを行うことを認めるのである。いうまでもないが将来の就職につながり、あるいは将来の人脈のきっかけになるかもしれない。

長期間のインターンシップは、受け入れ組織だけでなく学生にも利点がある。インターンシップでしか得られない洞察力を経験できるからだ。また学生と受け入れ組織の双方がインターンシップを歓迎すれば、大学にも利点となるだろう。将来的に他の学生もその受け入れ先でインターンシップを経験したり、職を求めたりできるからである。

学生が海外の地域社会にどのように関わるかによって、後にその地域社会と故郷との間や、インターン先と将来就職する会社との間の橋渡し役を務めることも可能だろう。

同様に（景気後退期を目前にして）企業が優秀な人材の確保に頭を痛めている最近の現状を考えると、制度が悪用されない限り、学生はインターンシップの経験を元にパート・タイム（非常勤）で勤務することも考えられるため、受け入れ先の企業にとっても利点がある。

さらにインターンシップが成功すると、共同研究や共同事業の実施にもつながるだろう。またインターンシップがうまく行けば、終了時に学生へ仕事のオファーをすることもある。この場合、学生は既に「夢の仕事」を見つけているなら、四年生（実際には三年時）から始まるあの恐ろしい就職活動を避けることができるのだ。要するに、真のインターンシップでの学びと経験は、自分の勉強とキャリアの両方に利益をもたらし得る。企業にとっても、大学教育を受けた労働者の人手不足で悩んでいる状況の助けとなる。

この提案が取り組む問題の一つは、日本政府が業界や企業に対し、雇用慣行を一定期間に制限するよう求めている事実である。最近、その要請の撤廃を要求し「遵守しない」と発表する企業が増えている。個人的にも、このルールには反対している。なぜなら最終的に、自分の雇用の選択とそのタイミングは、学生本人が家族や指導教員と相談しながら、自分で決めるべきだからだ。政府が規制するものではない。

ただ学生は教育を最大限に活用する必要があり、授業やセミナーの開催時間中、就職活動のために欠席するのは教育に悪影響を与える。可能な限り避けるべきだと思う。

インターンシップでいえば、日本の大学と経済界、特に中小企業がもっと連携し、「後継者がいない企業でのインターンシップ」を拡充させる必要がある。後継ぎは大きな社会問題になっており、地域によるが、倒産する企業の約六割はそれを理由に倒産している。人手不足を超え、リーダー不足という深刻な問題だ。若者は、大企業より、後継者がいない中小企業で挑戦してほしい。仕事の裁量が大きく、潜在的な能力を発揮できる。また、そこでのインターンシップは直接就職につながり、いつか後継者として事業を継ぐことになるかもしれない。その第一歩として、信頼関係の構築を図ることができる長期的なインターンシップにぜひ踏み切ってもらいたい。大学は、もっとそういう地域の企業をサポートし、連携をすすめて欲しい(74)。

■海外でのインターンシップ

ここまで、その機会や数、期間、質などで限られている日本でのインターンシップを改善するため、国内での実施を念頭に置いて説明してきた。しかし日本型クォーター制を利用して海外を念頭に置けば、インターンシップと留学を共に行うことができる。

海外にはインターンシップの受け入れについて数十年以上の経験がある組織がほとんどで、それらは学生のインターン期間を数カ月から一年はあるものと考えている。通常インターンシップも競争が激しく、受け入れ組織は最も意欲的な学生を獲得するために業務時間などの具体的条件を設定できる。

このような海外のインターンシップは、休みの短い現在の日本の学年暦には適さない。例えば以前、大阪大学で学生が海外でのインターンシップを行おうとすれば、実質的に半年間の休学を余儀なくされ、一年遅れて卒業するしかなかった。もしくは大量の論文課題が追加されたり、あるいは欠席した授業について教員と何週間にも渡って交渉するはめになったりしたのである。教室より外で学ぶことの方が多いと考えるので、そういう機会を学生たちに与えてもいいと思っている。

海外でのインターンシップは、留学の目的も満たせて「一石二鳥」といえる（ただ留学および複数のインターンシップの両方を経験した私は、この考え方を勧めない。インターンシップは海外であろうとなかろうと、留学とは別物だと考える）。必要か希望に応じ、同じ国または別の国で三カ月間の留学の後、同じ言語圏（あるいは違う言語圏）でインターンシップを行うこともできる。

いうまでもないが、学生にとって長期間の海外インターンシップは国内での従来のそれとは比較にならないほど役立つだろう。文化（と言葉）の異なる環境で、生活も仕事も試練にさらされるからである。そのうえ、従来のインターンシップの利点はそのままである。

実際に私は、在日海兵隊司令部のある沖縄県のキャンプ・フォスターで日本人向けの国際的なインターンシップを開発した。インターンに来た十数人の学生たちは、基地問題や日米同盟について学びながら英語を上達させ、官庁で働く体験もできた。

✓研究と論文執筆

学生が日本型クォーター制を活用するもう一つの方法は、フィールドワーク、公文書館・図書館での研究、論文執筆のための時間を生み出すことである。

■フィールドワーク

フィールドワークは、とりわけ社会科学や自然科学の研究において非常に重要である。

私は歴史と政治の専門家として、できる限り政治外交、軍事の現場でインタビューをしたり、有名無名の史跡を巡ったりしている。私はこのアプローチを「現場主義」と呼び、学生（特に院生）や同僚、後輩にもこの研究手法を活用するよう勧めてきた。しかし残念ながら日本の学生は、一般的にフィールドワークには及び腰である。経済的な理由、言葉の壁、自信の問題もあるが、より大きな障害になるのが学年暦との相性である。

学生は大学の休暇期間にフィールドワークを行わなければならないが、その時期はもっとも混雑して旅費が高くつく時期でもある。また調査によっては期間が短すぎる。これらの制約は教員も同様で、なかなか充実した調査はできない。

私が提言する日本型クォーター制ならば、時期に関する問題は解消され、資金と語学についてもある程度克服できる。例えば資金が足りない場合、一学期間をフルタイム（常勤）かパートタイム（非常勤）で仕事をして資金を稼げば良い。外国に関係する研究に取り組むなどで語学力に不安がある場合は、フィールドワークに先立って語学をやり直すこともできる。

一般的に、日本の学生や教員のフィールドワークは質・量ともに不足している。私の専門分野である歴史、政治、国際問題では、日本の研究者は「現場主義」の重要性に対する感覚を欠く傾向がある。彼らの研究は、取り組んでいるトピックからやや遠く、間接的な印象を受ける。日本型クォーター制は、その欠点を教員のみならず学生レベルで克服することに役に立つだろう。

今すぐ日本型クォーター制が導入されれば、学生はインターネットや二次資料に頼りがちな現在の研究方法より、フィールドワークを取り入れる習慣を先に身につけるだろう。すると彼らの研究の質や独創性も向上し、専門分野にさらに大きく高い貢献を果たすことになるのである。

■アーカイブズ（公文書館・図書館）調査

調査を中断することなく実施するのは、レポート、学術論文、卒業論文をきちんと仕上げるために不可欠なことだ。ここで重要なのは「中断することなく」である。文書を探すのに世界中の図書館や公文書館を訪ね、研究している事件に関わった元当局者や関係者にインタビューを行い、そして事件について執筆する。これは私にとってもう一つの「現場主義」だ。

調査は図書館に行ったりインターネットで調べたりするだけでなく、ときには数カ月公文書館にこもるし、またこうした機関を訪ねるための旅行も含まれる。調査旅行が授業や大学関連の活動で中断されると、調査の質・量が損なわれてしまう。もし図書館や公文書館を改めて訪問するとなると、経済的な痛手も生じかねない。身体の消耗も無視できない。会議などのために出張を短縮・中断することは私も何回かあり、いくつかスケジュールを変更しなければならなかった。私より上級の教員でも出張が突然キャンセルになることがかなりあったと聞いている。

フィールドワークの実施や調査旅行には資金が必要だが、学生は日本型クォーター制のもとなら余った時間を利用し、旅行資金を作ることもできるだろう。

■執筆

学生や院生にとって、レポート、卒業論文、学術論文の執筆も日本型クォーター制の活用法の一つである。調査もさることながら、熟考しての執筆と推敲には「中断されない、まとまった期間」が必要である。レポート、学術論文、卒業論文の執筆に関して悩まされる一つが、テーマと関係のない授業など他の活動で執筆が中断されることである。

日本型クォーター制が提供するように、一年のうち一定期間を純粋に執筆のために確保すれば、（教員と同じく）学生は論文など自分の成果物に専念できるようになる。その期間、本人が参加を望まない限り、学生はセミナーやその他の大学活動から解放されるのである。

✓まとめ

約一五年前、最初に私がこの制度を提案したとき、「反対派」から即座に返ってきた意見は学生にかなりの影響（悪影響という意味だろう）が及ぶということだった。強硬派の教員の反応は、実際には質問ではなく、まるで日本型クォーター制が学生を傷つけるかのように修辞的に見えた。私は、上級教員の想像力と教育に対する学生の期待についての理解の欠如に驚いた。蓋をしておいて、学生がどう成長できるのだろうか。彼らの知的好奇心がなくなれば、その可能性を最大限に伸ばすことはできない。私は学生から、どんどん大学や教員にたいして要求してほしいと思う。

本章で指摘してきたとおり、日本型クォーター制は学生にとって多くのメリットがある。これは教員や職員のためだけのものではない。学生もまた（明らかに多大な）恩恵を受ける。大学教育が改善されるだけでなく、国際社会や地域社会に生きる一人の人間、そして専門分野のプロとして、全てを含めて成長するために制度を活用するのである。徹頭徹尾、本書で言及するのは大学改革とは「単なる規則・法規の改正ではない」ということだ。人間の改革であり、彼らの成長と夢や目標の実現を支えるものでなければならない。大学の本来の主要任務は学生の教育であるはずだが、現状では十分に教育・研究の環境を提供しているとはいえない。日本型クォーター制ならこの環境を大きく改善できる。

最後になるが、日本型クォーター制では、より多くの授業を早くとることで三年間での卒業も可能となる。四年間で得られる貴重な経験を思えば早期卒業はおすすめできないが、日本型クォーター制であれば、いろいろな事情でそうせざるを得ない若者にも広く門戸を開く結果となるだろう。

第七章　社会のニーズに応える拠点

――大学にとってのメリット――

「大学を卒業する者は、自分が如何に無知であるかを自覚しないといけない。」

――J・ロバート・オッペンハイマー（一九〇四―一九六七）

✓はじめに

本章では、大学にとっての日本型クォーター制のメリットについて考察する。日本の社会や大学を刷新するのに、この制度導入に伴う利点は非常に多い。学年暦の再編で生じる一時的な課題や大学の立場から現行制度を維持するより、はるかにメリットがあることを述べたいと思う。

第二章で紹介したが、アメリカでは「書類事務などのコストが減る」という理由でセメスター制度を好む大学職員・教員がいる。しかし教育面で考えれば、教員のみならず学生であってもクォーター制が優れていると評価している。私はさまざまな観点から、個別に見ても総合的に考えても、本書で提唱する「日本型クォーター制」が日本の大学全体に有益と確信している。

根拠は、教育や研究を行う環境の質が拡充されること、学生のレベルと彼らの大学に対する満足度が向上すること、多くの（望むべくは意欲的で優秀な）学生を集められること、学外に財源を作れること、企業や地域社会との連携が活発になること、職員・教員の生産性や意欲が高まること、国際的な知的交流の機会が数多く生まれ、大学のイメージ、注目度、評価が上がるといった恩恵がもたらされることなどである。

これらは、社会における大学の役割をめぐる議論そのものともいえる。

✓地域に根ざす、市民の財産としての大学

大学が日本型クォーター制を選ぶメリットを個別に検討する前に、大学が社会で担うべき役割(すなわち教育や研究の実施、知的・文化的・国際的な交流を行う場として地域社会に貢献することなど)と、大学が一流の研究者を作るのみならず「地域の大学」になるという提言について説明することから始めたい。

これまで私は、大学職員(と日本の社会全体)に対し、「学生の定義」を見直すべきだと訴えてきた。通例では「学生」はおよそ一八～二二歳の若者とされるのが一般的だが、その意味を直ちに修正し、高校卒業(または相当する資格を取得)し、より高度な教育を望んで努力できるすべての人とするのである。それが高校生であってもかまわない。学生を、偏見なく、より正確に表す新定義には、従来の学生に在職者や転職中の人(再訓練や高等教育を望んで失業した人や自ら退職した人)、退職者、高齢者も含まねばならない。さらに日本に住む三〇〇万人弱の外国人たちもいる。専門学校、大学、大学院に入るため来日した外国人もいれば、私のように来日後、日本の大学・大学院などへの進学を決意した社会人もいる。

これまでも大学に彼らの数は少なくなかったが、多くの理由から一般的な「学生」の範疇には含まれていなかった。言い換えると、大学は従来の年齢(およそ一八歳)で入学する学生の枠には収

まっていない人々をより受け入れるべきなのである。社会人学生と従来の学生を比べると分かるが、日本の大学のほとんどは社会人学生を受け入れる柔軟な手段がなく、社会人への教育・訓練の機会を十分に提供しておらず、社会のニーズに応えていない。

私の提言を実行すれば、大学は水準と評価を国内外で高めつつ、「コミュニティ・カレッジ」のように地域社会と緊密な関係をもって役立つ姿に変わっていくだろう。コミュニティ・カレッジという観点から大学の特色を出せば、現状で資金面の難局にあっても「全国の大学との競争」から「地域社会のニーズに応える」ことに力点を移すことが可能となる。ところでコロナ問題は、東京などの大都市へ大学や学生が集中するリスクと、地方へ分散させる重要性を示したと思う。ぜひ官民合わせてもう一度地域の大学に力を入れ、一極集中という異常な現象、危機的な状況を改善すべきだ。これ以上の先送りはやめてほしい。

魅力的な地理的条件、特定の教員、哲学（使命）、研究・教育の分野などを提供することで、環境の質において国内外の大学に引けを取らない「コミュニティ（地域社会）」の大学になるのである。それがユニークであればあるほど他と区別化できる（同時に、そこで勉強する者は将来どこにでも行けるよう、大学は普遍的かつ信頼される教育を提供する必要はある）。

このような大学はアメリカで伝統的に「コミュニティ・カレッジ」と呼ばれるが、アメリカ全土の一流の四年制大学も、実質的にはコミュニティ・カレッジと同じ機能を果たしている。コミュニティ・カレッジは大抵公立の二年制大学で、地域社会に寄与している。かつては「ジュニア・カレッジ」と呼ばれたが、一九九〇年代初めに公立大学のほぼ全てがコミュニティ・カレッジかカウンティ・カレッジ（county college）に名称を変更した（代わってジュニア・カレッジは私立大学を指すようになった）。

本書で私は「コミュニティ・カレッジ」を、私立・公立、あるいは民間と自治体の共同出資などといった資金拠出の種類やカリキュラムの年数を問わず、日本各地の地域社会のニーズに応える大学を意味する言葉として用いる。いわば「地域立」あるいは「地方立」大学だ。

現在、アメリカには一〇五〇校のコミュニティ・カレッジが各地にある。ほとんどは二カ年のプログラムで、「準学士（Associate's Degree）」を授与するのが一般的だが、「学士号（Bachelor's Degree）」の授与を認める大学も増えつつある（夏季・冬季の各集中講義など通年の授業を取って頑張れば、学士号を三年で取得できる。仕事を持っている社会人は通常もう少し時間がかかる）。一流の四年制大学に編入したいと考える学生は、比較的簡単に一般教養科目の単位移行ができる。

かつてバラク・オバマ政権は、コミュニティ・カレッジの教育に重点を置いたとされる。ジョー・バイデン副大統領の後妻ジルはバージニア州にあるコミュニティ・カレッジの招聘教授であり、大統領は、就任した二〇〇九年七月のスピーチでコミュニティ・カレッジを「アメリカの最高機密（best-kept secret）」と呼んだほどだった(75)。その直後、オバマ大統領はニューヨーク州にあるハドソンバレー・コミュニティ・カレッジを訪れ、「あらゆる年齢や背景を持つ人々が、たとえ困難で個人的な問題に直面しても、自分自身と家族の明るい未来のためにチャンスをつかむ可能性がある場所」と説明した。[76]この二つのスピーチの直前、オバマ大統領の出身地のシカゴからきたアルネ・ダンカン教育長官が最初に公式訪問先として選んだのはあるコミュニティ・カレッジだった。

「アメリカ人の大学卒業イニシアチブ（American Graduate Initiative）」というオバマ政権のプログラムは、連邦政府に対し今後一〇年間でコミュニティ・カレッジの学生を支援するために一二〇億ドル以上を提供し、その卒業生を二〇二〇年まで増やすことを目標にするものであった。[77]

具体的には、施設の近代化、学校と地元企業とのパートナーシップ構築、高校、コミュニティ・カレッジ、四年制大学間の連携改善、卒業率を高めるための金融プログラムの整備、オンラインコースの開発、コミュニティ・カレッジ教育に関する国立研究センターの設立などを求めた。コミュニティ・カレッジに加え、四年制大学もその役割を非常に真剣に受け止め、積極的に募集を行い、非伝統的な学生が自身の勉強に満足できることを保障しようとしている。

バージニア州にある私の母校リンチバーグ大学も、地域に深く根を下ろして積極的に社会人学生を受け入れる四年制大学（大学院課程併設）である。[78]地域社会とつながる主要な柱の一つは、社会人学生を対象にした「アクセス」と呼ばれるプログラムだ。リンチバーグ大学は社会人学生を「二五歳以上の学習者」と定義する。社会人学生は学部だけでなく大学院の授業にも教育者・看護師・行政職などさまざまな分野から参加し、学生の約七％（約二五〇〇名）を占める。「アクセス」の学生は大学まで車か徒歩で通える距離に住む通学生がほとんどで、少数ながら学内寮に住む者もいる。「アクセス」での学費は減免されるにもかかわらず、一九九〇年代のある時期、四〇〇名の「アクセス」学生が大学にもたらした収入は一〇〇万ドルに上った。約二五年も前の話だが、現在はさらに増えているに違いない。日本の文部科学省による手厚い保護から切り離された日本の大学にとって、財源確保は大きな課題である。人口減少とともに学費収入も減り、課題は深刻化するばかりである。成人学習者を求めて企業やその他の組織と提携することは、非常に良い方法だと考えられる。リンチバーグ大学は「アクセス」の学生のために、通学生も寮生なども含め、次のような支援プログラムを提供している。

「アクセス」の学生のニーズに応えるため、ブラード・ハウス（第五学生寮）のテラス階にアクセス&コミューター・ラウンジを設けています。昼食の準備、メールチェック、家への電話、好きなテレビ番組の視聴、本の保管などができる他、ゆっくり寛ぐだけでも構いません。ラウンジには電子レンジ、コイン・ロッカー、TV／DVD、市内通話用の電話、ネットワークに接続したパソコンとプリンタが備えられています。掲示板は、お知らせを貼り出したり、学生に緊急時の連絡や大切なメッセージを伝えたりするために利用されています。ラウンジは大学が開いているときはいつでも利用できます。利用にはIDカードの読み取りが必要です。四半期ごとに発行されるニュースレター『アクセス&コミューター・ニュース』では、イベント、ニュース、その他の情報を掲載しています。

「アクセス」の学生には、さまざまな機会が設けられ、例えば七〇を超えるクラブや団体への入会、学内での就業、地域奉仕プログラム、学生自治会の理事会への参加などがあります。食事プランはビジネス・オフィスで申し込めます。本学には「アクセス」の学生向けに特別滞在施設も用意されています。指導教員の許可を経ずに履修科目の追加や抹消ができ、再申請なしに四学期連続で科目登録しないことが認められ、さらに授業料の特別減免（六四％減免）といった特典などがあります。[79]

この説明が示唆するように、社会人が学校に心理的・物理的に戻りやすいだけでなく、学業と仕事や家庭とのバランスが取れるよう各種便宜が図られ、フルタイムで勉強できるために良心的な料金が設定されるなど、非常に高い柔軟性がある。個人的経験からいうと、過去に勤務した大学も含め、日本の大学にはこの類の柔軟性が見られない。例えば夜間や週末の授業をもっと開講する、フルタイムの学生と事実上同じ恩恵は受けられないことから学費を減免する、といったことが考えられる。

経済状況の悪化でますます多くの労働者が早期退職を選んだり人員削減されたりする中、再訓練や再教育の需要は非常に大きくなるはずだ。政府による学費補助があれば、大学、社会人学生、政府、そしてスキル・アップした労働者をかき集めたい雇用主といった当事者全てにとって好ましい状況に変わる。ただ失業手当を給付するよりも、奨学金に財源を回すべきであろう。

従来の学生の年齢層が全国的に減少し、大学の運営管理のお粗末さ、そして提供するサービスの全体的な質の悪さによって、日本の多くの大学が資金難にある。残念ながら、高等教育の評論家や大学当局は今後数年のうちに、さらに多くの大学が閉校に追い込まれるだろうと予測している。

本書で提唱する日本型クォーター制は、管理機能に乏しく、学生の役に立たない（いうまでもなく地域社会の役にも立たない）大学の「救命」を企図しているわけではないが、実際にはそのような大学にも役立つだろう。コロナ問題以前から諸橋が『消える大学、残る大学』で指摘してきたように、全入時代で少子化（あるいは魅力ある教育を提供できていないこと）により多くの大学が定員割れし、存続が難しくなっている。さらにコロナ問題によって入学を延期した、あるいは経済的理由でそもそも大学に行けなくなった人は増えているはずだ。アメリカでも、ローン返済不能により大学をやめる人が増えている。日本でも同じ現象が起きるだろう。今こそ大学の魅力を磨き、地域に一層根付くべきである。

例えば数年前、私は親しくしているアメリカ人教授が受け持つ学生たちに、いわゆる「沖縄問題」について講義を行うため、大阪府枚方市にある関西外国語大学を訪ねた。それは一一年ぶりの訪問で、大学は二〇〇二年に美しい新キャンパスに移転していた。立地は理想的で、文化に恵まれ、科学技術や商取引に満ちた三つの主要大都市を結ぶ中間点にあった。活力あふれる学生たちの姿と最新の設備を見て、私は「また学生に戻れたら」とさえ考えたものである。ところが、友人と私が午後六時ごろに大学を後にするとき、大学の門がその時点で閉められていたことに非常に落胆した。つまり京阪エリアに住む社会人や、社会人学生予備軍となる人々に、この大学の活力や可能性を伝えられていないのである。平日遅くや週末も教室を開放することは、もちろん地域のニーズに応える方法だが、他の方法もある。その一つが日本型クォーター制である。大学は地域社会（地域、地方、国内、国際社会）の一員であり、その中で果たさねばならない重要な役割がある、という考え方に基づいた方法だ。大学は社会とのつながりから大きな利益を得ても構わないのである。次節では、大学にとっての日本型クォーター制の利点を紹介する。

✔大学にとっての日本型クォーター制の活用法

現在の日本の大学は、役割を十分に果たしているとは言い難い。役割とは、学生（従来の学生も社会人学生も含む）に質の高い教育を提供すること、最先端の研究を促進すること、社会のニーズに応えるシンクタンクとなること、地域社会の知的な拠点、人材養成、企業とのコラボレーション、国際的な文化交流の中心となることである。

これらの分野全てが改善されると大学は強化され、社会における重要な地位は磐石となるだろう。その改善を体系的、根本的に実現できるのは日本型クォーター制だけだと確信している。大学が地域社会に深く根ざす具体的方針を採用することは、大学にとって多くのメリットをもたらす。

第一に、地域社会のための大学の使命と、教育に対する大学関係者のコミットメントを新たなものにする。第二に、新しいコミットメントの結果として、特に大学が本当に社会人に開放されている場合、近隣のコミュニティから通う質の高い学生がいることはほぼ確実に保証できる。第三に、入学者数を維持できれば、授業料が生み出す収入と、大学が受け取るか申請できるその他の資金を増加させることができる。第四に、大学の学術水準の向上につながり、海外を含む優秀な教員候補を惹き付けることができる。

最後に、企業やその他の主要な地方組織は、新入社員であろうと、より多くの教育訓練のために大学に戻った社会人であろうと、より高い教育を受けた従業員の恩恵を受けることになり、大学は企業やこれらの組織に対してより力を持つし、企業や他組織のリソースと専門知識を大学のために活用することができる。

日本型クォーター制の導入目的は、個別の課題であれ総合的にであれ、大学の教育と研究の環境を強化し、地域社会や国内・国際社会全体の中で大学が重要な役割を果たせるようになることである。改善を通じて大学のイメージや評価が国内外で向上するだけでなく、職員の生産性が上がって意欲的になり、学生の学習意欲や社会の一員として成長したいという意欲も育まれる。

同時に、大学の質が向上しても敷居は低くなるため、大学の授業やさまざまな活動に参加する社会人学生が増え、海外の多くの学生や研究者が留学を希望するようになる。中堅社員や退職者、幹部クラスなどが多い社会人学生は、見識や専門分野を大学に提供できる一方、大学は外部からの知識やノウハウを、大学運営や教育の向上に活用でき、より互恵的で成熟した関係となるのである。

第八章　社会の活性化につながる大学改革

——企業、地方自治体、社会全体にとってのメリット——

「教育は、手に入れたものより、手に入れる過程にこそ価値がある。」

——エルバート・ハバード（一八五六——一九一五）

✔はじめに

ここまで教員、職員、学生、大学院生などの立場から、日本型クォーター制の利点を見てきた。前章では、大学が名実共に壁を取り払い、地域社会に自らを開放するメリットも紹介した。ここでいう地域社会とは、大学が根を下ろして寄与しなければならない地元地域、日本社会、国際社会の三つである。本章では、本格的かつ根本的な大学改革（すなわち本書の提言である日本型クォーター制の導入）が、企業や地方自治体をはじめとする日本社会の全体、ひいては国際社会に持続可能性と生命力をもたらすチャンスだということを紹介する。

大学改革は往々にして教育問題の一つという捉え方でのみ議論され、地域社会のニーズや社会における大学の大きな役割がきちんと考慮されてこなかった。本章では大学が社会の一員であり、そのニーズにかなりの程度応えなければならない理由を論ずる。私はこれが非常に重要な前提条件になると考えている。社会の一部ゆえ、本質的に大学改革は周辺社会に影響がおよぶ。すると大学を「改革しない」場合も社会に影響がある。意味のある改革である限り、前者はポジティブな影響となり、後者は大学の躊躇的・慎重的・保守的なアプローチによって地域社会におけるチャンスを逃しネガティブな影響をおよぼす。

私の提言は、地域社会をはじめ日本社会全体に前向きで大きな影響があると考えている。日本は上意下達の縦社会であることは否定できない。これではグローバル化とフラット化が進む世界では、競争も生き残りも難しいと考えられる。[80] ただし日本型クォーター制を採択すれば、現在の表面的レベルではなく、大学と地域社会、より広い意味の地方、そして国全体における真の相互交流と貢献が行われると期待できる。

✔高度な学習と訓練を行う機関としての大学

前章で述べた通り、日本型クォーター制を導入した大学は、より競争に強く国内外で活躍できる人材を育て、社会人がより高度な教育や訓練を受けるために通う機関になるというのが私の考えである。これは学年暦が現行より柔軟になるからだけでなく、大学教育の質が向上して、サラリーマンや転職する意欲をもつ人、あるいは退職者がさらなる教育を望むような魅力を増すからである。

一部の企業は社員の学業継続をよく思わないかもしれない。それは社員個人にとって残念なことであるし、企業にとっても短絡的な考え方だろう。いうまでもないが、これが日本の国際競争力を低下させている。働き続けてもらう社員の資質という点から見ても、発展やパートナーシップの新たなチャンスを逃す恐れが高まるという点でも、企業の前途を台無しにしてしまうからである。

私が知る社会人学生の中には、職場に大学院への通学を秘密にしていたり、職場の理解や支援なしに大学院に通わねばならなかった人がいた。それはただでさえ勉強が困難な期間に余計なストレスとなっていた。私は社会人学生を全面的にサポートしたが、結局、途中で自ら辞めてしまう方は何人かいた。つまりカリキュラムに高い柔軟性をもたせるか、日本型クォーター制の導入がなければ、学生は大学院中退を余儀なくされ、あるいは将来に不安を抱えることになってしまうのである。もちろん企業のニーズと個人の要望は適切に均衡を取らねばならない。しかし希望する社員全てに自由に勉強させることは、ことに現在のセメスター制の下では難しい。例えば通学のために休職しなければならないとしても、セメスター制では約半年の休暇が必要だが、クォーター制なら最大三カ月で良い。

しかし従業員の成長と発展する機会を提供すれば、彼らの満足度は向上する。各学期や夏期講座に集中して授業がとれる日本型クォーター制ならば、そのバランスは図りやすくなり、さらなる意欲を社員から引き出し、新たなビジネスチャンスを育めるだろう。

✔シンクタンクとしての大学

日本の大学は最先端の研究成果を上げる分野がある一方、社会科学を筆頭に多くの分野で立ち遅れている。こうした事態を生んだ背景はこれまでに説明してきたが、日本型クォーター制を導入すれば基礎研究や応用研究といった研究の種類も含めて、大学における研究の質と量は、新たな相乗効果と共にあらゆる分野で向上するだろう。

そうして生まれた研究成果は、企業、地方自治体、政府が活用できる。大学だけでなく地域社会や企業の立場からすると、効率性向上や連携促進によって予算、人員、時間といった限られたリソースが適切に配分され、戦略的に活用できるようになる。

✔国際交流の拠点としての大学

あらゆる分野で最先端の研究や教育を行うには、人、情報、アイデアの交流を促進するのが一つの方法である。国と学問分野を越えた交流が、最も重要なものだろう。他の章でも触れたが、日本型クォーター制の導入によって日本の大学の質は向上し、ひいては日本の国際的地位が高まり、海外の多くの研究者が日本訪問を希望するようになる。すると地域社会や企業は、来日した研究者や専門家を大学の紹介を通じて活用でき、その見識や知識を共有できる。こうした交流は客員研究員にも恩恵があるので、そのポストも維持される。

✔大学とインターンシップ・教育を受けた労働力

人口の減少は大学だけでなく、企業にとっても大きな懸念である。新卒学生を採用する企業に対し、大学は今後も労働力の供給源となるが、少子化問題に対処するには新たな取り組みが必要だ。

その端緒の一つとなるのが、日本人学生だけでなく留学生も含め、彼らが学部や大学院在学中に行う長期間のインターンシップである。

彼らが受け入れ先の企業や業務を支えるだけではなく、企業にとっても望ましい人材を見つけるきっかけとなる。すると、約半年から九カ月以上にわたって学生の関心を奪う、いわゆる「就活」（就職活動）の必要性も低くなるだろう。日本型クォーター制では履修単位としてのインターンシップ活動を、一三週間を上限として認めるようになる。これはアメリカの大学と似た方法だが、現在のセメスター制では導入が難しいのである。

✓パブリック・インテレクチュアル（知識人）の活動

日本型クォーター制の導入により、研究成果そのものの活用に加え、理想的には教員が社会にもっと直接に関わりうる。さまざまな問題について国民的議論の形成を手助けし、彼らの専門分野について市民を啓蒙するのである。ここでいう有識者の役割とは、テレビに登場する多才な評論家や芸能人に左右されがちな国民的議論や地域社会での議論を改善することである。

✔企業の社会的責任

企業が大学との関係を強化することで受けられる恩恵には、大学へマネジメント、マーケティング、助言、その他の研究協力といったスキルやサービスの提供などを通じて得られるものがある。全て企業イメージの向上に役立ち、ＣＳＲ（企業の社会的責任）とみなされ評価されるだろう。

昨年の秋、別の調査研究のために米国ニューヨーク州北部にあるシラキュース大学に行った際、使用した図書館の一階で、ＥＩＲ（Entrepreneur-in-Residence：起業家で客員研究員あるいは特任教授）のセミナーが開催されており、多くの学生、院生、職員と地元の人々が参加していた。ＥＩＲ制度は数年前から始まっていて、起業家などを目指す学生たちへのアドバイスないし初期投資などを支援するものとして大変人気のプログラムのようだ。図書館にオフィスやセミナー室があり、それらはガラス張りで非常に透明性のある協力関係が確立されている。

学生のみならず、大学にとっても資金や評価といった点で有益なのはもちろん、外部組織と研究に取り組むことにより、研究成果が現在よりはるかに露出されるという恩恵が得られる。

✓自治体、都道府県庁、政府にとってのメリット

大学が行政と連携できる分野も数多くある。共同研究、政策提言、立案、公務員研修、観光、産業、農業、医療、国際化の戦略の一環として、地域の大学は主要な拠点となりうるからだ。一般的な役所に勤務する公務員だけでなく、警察官や自衛官も大学を教育機関としても利用できる。最近、不祥事の多い警察官・検察官の倫理的な教育や危機管理の研修の他、国際任務が多くなっている自衛隊員のために国際政治や人間の安全保障の研究をする場にもなる。

また、小中高の教員のために各分野の最新の情報・議論についての研修も提供できる。研修を終えれば、何らかの資格や終了証明書を与えれば良い。参加者同士の交流にもつながる。

いずれにしても大学は地域社会、企業にとって欠かせない存在になれる。それらがお互いに連携すれば、日本社会の潜在的な可能性はより強く発揮できるだろう。

第九章　大学改革によるソフト・パワーの強化

「知識よりも想像力が大切だ。」

――アルバート・アインシュタイン（一八七九―一九五五）

✓はじめに

バブル経済の崩壊から三〇年近く、二一世紀に入ってから二〇年が経った今も、日本は冷戦後のアイデンティティの発見や確立に苦労している。本書は「日本の衰退論」ではない。その議論を整理し、警告し、処方箋を紹介することに多くを費やした。むしろ本書は、さまざまな組織と人々のパートナーシップを大学がリードする日本の将来という、私の希望を述べたものである。大学と地元、地域、国際社会との関係の活性化こそ、数多くの分野において日本を真のグローバルリーダーとして再確立する鍵を握っていると思う。

しかし、私たちが直面する問題は大きい。大学が真剣に必要としているのは、シュンペーターが提唱する「創造的破壊」である。別の言い方をすれば、日本を改革するにはまず大学改革が必要ということだ。改革がなければ、日本の若者は社会的にもグローバル的にもつながる教育に事欠き、日本が世界で尊敬される地位を取り戻すために必要な、日本人と外国人の両方の人材を欠くことになる（図9－1）。本書では大学行政の問題点を取り上げたが、より大きな課題は、大学にそもそもヴィジョンがないことである。古い教員、やる気がない教員は、管理されることを望んでいる。これは大学、国家、および世界にとって大きなマイナスだ。ただし改革は、人々に権限を与えなければ成功しない。人々に権限を与えない、多様性を積極的に受け入れない組織には将来がない。同じ

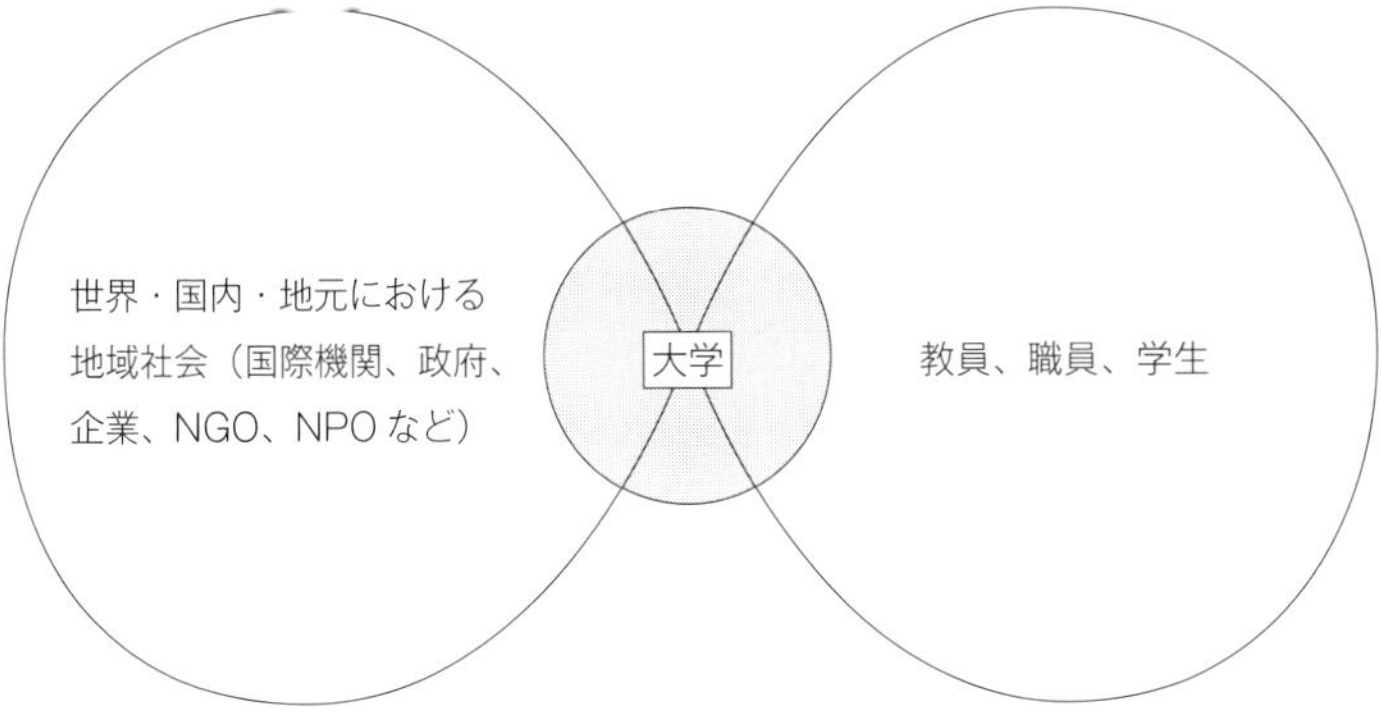

図9-1　大学と教職員・学生，地域社会との理想的な関わり

ことが国家にも当てはまるが、特に自由な思考を必要とする大学はなおさらである。もちろん教員の中にも、経験を通じた知恵を持ち、ポストや所属によって人脈を作り、専門性を通して確たる地位についている人もいる。しかしそんな人でもビジョンがなく、それ以上の広がりもないかもしれない。

大学の場合、日本社会の再生や一新のために先頭に立って主導する大学を作るというビジョンが残念ながら感じられない。よくいわれるが、人間にはある種の制約がある者がいる。それは現実を直視できない、またはしようとしない姿勢のことだ。日本の政治家や地方自治体のリーダーたち、教育者たちは、日本の大学の諸問題に直面することを避けているように見える。そして停滞する日本社会の諸問題をも直視しようとしていない。

したがって本書では、相関する二つの大きな問題を指摘してきた。大学の改革と日本社会再生の必要性である。思うにこれらの問題は、共に日本のソフト・パワーの減退を招いた二大要因でもある。ソフト・パワーとは先に説明したように、自国のアイデア、文化、社会、文明に基づいて自国によって他者へ影響を及ぼす力である。

　二つの問題は相互に深く関連しているため、解決の道も同じようにつながっている。日本の優秀な人材が流出するのを引き留め、日本社会に貢献したい外国人材を惹き付けることが重要だ。日本の改革は日本社会の変革を促し、日本のソフト・パワーと国際的な影響力や地位を強化するだろう[81]。大学しかし大学改革やソフト・パワーに関する問題について、日本政府や社会に目立った反応はない。日本は問題が生じると、戦略や目的どころか、何が問題の本質なのかさえ理解せずにお金を投じる傾向がある（さらに複数の問題に同時対応できず、意思決定者の目の前の問題にしか対応しない）。

　大学問題の場合、投じられたお金で研究資材は買えても、実際に研究を担うスキルや能力は買えない。ソフト・パワーを考えると、お金で影響力は買えるかもしれないが、日本への本当の長期的・持続的な関心を手に入れることはできないのである。これまで日本で大学改革と称されてきたものは、絆創膏《バンドエイド》アプローチに過ぎない。大学の何が誤っているのか、あるいは大学はどこを目指すべきなのかを真に理解しないまま「改革」を進めているように思える。

　同様に日本のソフト・パワーをめぐる議論も、「日本食」や「アニメ」にばかり主眼が置かれ、知識人の役割や大学生活については顧みられないことが多い。議論が大学におよんだとしても、教育の質の向上についてではなく、奨学金や海外留学ばかり重視している。または人件費などの経費削減が目標となっている。ある物事の規制を解除したかと思えば、別分野の規制をさらに厳しくしているだけなのである。

日本の高等教育とソフト・パワーが直面する問題の解決には、必ずしもお金は必要ではない。求められているのは将来に対する洞察力と展望であり、人とアイデアの交流を強烈に刺激する魅力にあふれた大学と社会を生むことなのである。

二〇〇八年一一月、日本とインドネシアの国交樹立五〇周年を記念するシンポジウムで講演するため、私はジャカルタを訪問した。福田康夫元首相をはじめとする多くの日本人と、インドネシアの学者や経済関係者が参列していた。私は唯一のアメリカ人参加者で、しかも日本に住むアメリカ人だった。アジアにおける日米同盟について私が講演した後に行われた討論で、会場にいた年配のインドネシア人の方が、「日本は死んだ」と断言した。私はセッションに先立って彼と話をしていた。彼は旅慣れた国際的人物で、彼の見解には残念ながら一理あると認めた。それでも私は聴衆がいることも忘れ、「日本は死んだわけではなく『便秘中（constipated）』だ」と反論してみた。

あれから十数年経った今日、日本が直面する問題はいっそう山積している。なぜなら日本は複数の問題を同時に処理できる国ではないからだ。日本政府は一つの問題に全力を注ぐが、それ以外は先送りにする。そして一つの問題の「解決」さえ中途半端で終わり、複合・複雑化していく。その間にどんどん他の問題も現れる。日本国内（私は全ての都道府県を訪れた）や海外で見聞を深めるごとに、それはますます事実だと確信せざるをえなかった。

日本社会は、あらゆる角度において人とアイデアの流動性に欠け、制度が目詰まりを起こしている。そこで人々の不満が募り、日本社会が沈滞して活気が失われたのである。いわば「便秘」を起こさない、制度を掃除して流れを良くするものが求められている。二〇世紀が資源や製品の流動性によって築かれたのだとすれば、二一世紀は人と情報、そしてアイデアの流動性を基盤に築き上げられる。人とアイデア、そして情報の流れを円滑にする方法。私の提案はまさにそこにあるのである。

これまでの章で、大学の内外で教育と研究の環境を向上させる議論を進めてきた結果、私の提言する「日本型クォーター制」を導入すべき理由を十分に説明できたと考えている。

そこでここからはさらなる論拠を示し、日本がなぜクォーター制の導入を国家的議題とする必要があるのか、日本の教育界、知識人、文化人、経済界、そして政治指導者のために説明しようと思う。

✓ソフト・パワーと大学

「はじめに」で紹介した議論は、「ソフト・パワー」として知られる概念に基づいている。つまり他国や外国人に対し、文化的・思想的な手段を通じて影響を及ぼす国力のことで、ここ数年の間に注目度が高まってきた概念である。しかしその同じ数年間で、反比例するように日本の国際的な魅力は減退してきた。私は、失われつつある日本のソフト・パワーを回復させるのは、経済面だけでなく大学教育を中心とする教育（と研究）の大国になることだと考えている。

二〇一五年、ポートランド・コミュニケーションズ社が「ソフト・パワー三〇指数（Soft Power 30 Index）」を作成した。ソフト・パワー資源の上位三〇カ国を追跡したもので、日本はここでは五位とされた。調査開始以来、毎年着実に上昇しているのだが、一位にはまだ遠い[82]。まさにハード・パワーはどんどん「ソフト・パワー」と入れ替わっている[83]。人々が魅力を感じるのは実はハード・パワーではなくソフト・パワーである。ところが日本の「ソフト・パワー」へのアプローチは、エリートにばかり焦点を当てる傾向がある。国民と相手の国の人々をもっと意識すべきだろう。例えばスリランカ、タイ、ミャンマーなどを訪れると、日本に対する好意的な姿勢に気づく。しかし若者にとって日本はまだ遠い存在だ。

ロナルド・レーガン大統領の特別補佐官を務め、ウォール・ストリート・ジャーナルのコラムニストでもあったペギー・ヌーナン氏は「ソフト・パワー」についてこう述べている。

「自分の国がしっかりしていなければ、国家は希望の光にならない。本当の光を送らないと灯台にならず、立派でなければ立派な手本にならない。本当のインスピレーションを与えない限り、希望の光になることはできない[84]」

✓学びの場としての日本？

一九九二年、二年間の「語学指導等を行う外国青年招致事業（Japan Exchange and Teaching Programme）」を終えた私は、その後七年間のうちの約五年間を私費留学生として日本で学んだ。

まず大阪市内の日本語学校で、韓国、中国、イタリア、オーストラリア、北米・南米の国々から来た受講生と共に、フルタイムの学生として日本語を学んだ。その後、神戸大学に入学して修士号取得を目指し、素晴らしい先生と出会えて最終的に博士号の取得まで通った。経済的・精神的には死に物狂いだったが、アメリカからも日本からも離れた場所で学ぶのはあまり意味がないと考えていた。日本の政治と歴史を知るには、日本で学ぶことにとても意義があったからだ。その間、アメリカでMBAプログラムを断ったこともあるが、全く後悔はしていない。日本に残ることで、阪神・淡路大震災や東日本大震災への対応など、多くのことを学び、経験した。アメリカの友人の中には「お前、地震の時に神戸にいて本当に運が悪かったな」という人もいた。私は、大好きな神戸が受けた甚大な被害をとても悲しんだが、近隣の人々や友人たちと共にさまざまな体験ができたことを光栄に感じている。二〇一一年三月に仙台に派遣された時も同じだ。

日本の政治と外交史を専門とする私にとって、日本で学ぶことは決定的に重要だった。その知識は、アメリカ、イギリス、あるいはオーストラリアなどでは得られなかっただろう。

ただ私が受けた教育を、大学そのものの功績とするのは難しい。ひとえに指導教官の五百旗頭《いおきべ》真《まこと》教授とクラスメイトのおかげであり、在大阪・神戸米国総領事館がアレンジした一九九六年衆議院議員選挙でのインターンシップ（有澤志郎候補）や、一九九六年、そして一九九九年までの沖縄、東京、ワシントンDCでの調査、マーガレット・サッチャー氏や大前研一氏などの多くの講演会への参加を含む私自身の努力の成果だと考えている。

私は大阪大学を辞した今でも、毎週のように日本留学について海外から質問を受け、また一年のうち二、三回は海外に赴いて日本の政治史（特に日米関係）や日本への留学についての講演を行っている。ただ「日本の大学で学ぶことを勧めるか」という質問には用心している。直に日本を見たり、可能ならば実際に住むことはぜひ勧めたいが、日本の大学で学ぶとなると、良い面も悪い面も含めて本気で学びたいと考えない限り、安易には勧められない。私は彼らが直面するであろう困難について説明し、目標を明確にすること、来日した場合のリスクを知ることを奨励している。そうしなければ、日本での経験に対して逆に憎しみを感じることになりかねない。

我々が目にしているように、日本の大学は国内だけでなく国際的な評価も芳しくない。世界第三位の経済力を持つにもかかわらず、トップ一〇〇に入る日本の大学は少ない。二〇〇八年夏、私はインド・ニューデリーにあるシンクタンク（オブザーバー研究財団）と二つの主要大学（デリー大学とジャワハルラール・ネルー大学）で講演した。滞在は五日間で、日本に興味があるという多くの学生や若手研究者に会ったが、実際に日本に留学したい人は一人もいなかった。彼らは日本の大学を、学究の場として相応しくないと考えており、海外留学するならアメリカかヨーロッパ、オーストラリアの大学だと考えている。私がこれまで会った、インドネシアや中国の学生や若手研究者も、この考え方は変わらない。中国の大学は順調に発展しており、日本ではなく中国を目指す留学生が多くなった。実は、日本に提供できることはたくさんある。しかし日本人は自分たちの可能性に気づかず、変化を躊躇している人が多い。

私がすごした大学での八年間で、所属した研究科や大学全体の教育と社会貢献の向上に関する一二以上の（自分からすれば有益で建設的な）提案をした。私の提案のほとんどは撃墜された。対照的に、私がアメリカ海兵隊司令部に移った際には、私の提案は全て受け入れられた。私が沖縄の司令部を訪れる日本人によく言った言葉がある。

「私が海兵隊に入ったのは、自由と知的刺激を求めてのことだ」

それを聞いて人々は驚いた様子だったが、海兵隊のことを本当に知っている人は驚かなかった。日本の大学は変化の受け入れ、パートナーとの連携、教育と訓練の促進、効果的な意思決定などについて、海兵隊から学べることがたくさんある。

二〇一一年三月の震災と原発の危機で日本への留学募集は大きな打撃を受けたが、それ以前から既に経済的・知的に停滞していた。大学の運命を決めたのは、変化を受け入れたがらない消極的姿勢だ。このままでは、東アジアでますます露骨になる国際政治競争において、文化的・道徳的な高い地位を必然的に放棄させられるだろう。しかし私は、日本型クォーター制が導入されて教育や研究の環境が改善されれば、状況は好転すると考えている。

もし日本政府が外国人留学生を本気で三〇万人以上に増やしたいのなら、彼らの学費を負担したり奨学金を出したり積極的に呼び込みをする以外に継続・維持できる唯一の方法として、日本型クォーター制の導入が必要不可欠だと訴えたい。学生が一定期間をボランティア活動やインターンシップ、研究、執筆、旅行に充てることができれば、日本社会をより理解できるようになるし、彼らの日本滞在はさらに充実した満足のいくものとなる。日本で質の高い教育を受け、日本の大学は事前評価ほど悪くなかったという噂はそれぞれの母国に還流する。時間はかかるが、新制度の導入が早ければ早いほど、その結果が表れるのも早くなる。

長年にわたる文部科学省の国費留学生事業（およびJETプログラムの先生たち）の悲劇の一つは、奨学生である海外からの留学生に、学位取得後は帰国するという条件を設けていることである。もちろん学生にその権利はある。しかし日本政府が半年から一年分の公式語学研修費用を出し、さらに学士取得に四年、修士に二年、さらに継続すれば博士号のために三年はかかるという現実を考慮すれば、彼らを日本に招くだけの非常に大きな価値を作り出さなければならないし、また希望の仕事が見つからなかった場合には就職の斡旋もしてやらなければならない。それらがないので、多くの学生は帰国する。もちろん彼らは母国で日本との架け橋にはなれるし、それもまた重要なことではある。

しかし日本は概して、彼らのように意欲的で高度な教育を受けた外国人を国内に引き留める戦略的展望に欠けている。昨今この方針には変化が見られるが、他の課題や政策にあたるときと同じように、日本の変化は遅く、小さい。私が大学院に進学した際には、既に日本に住んでいたため上記の対象者になれず、奨学金は受給できなかった。しかし日本に滞在して働くことについて、九〇年代後半、義理の両親と話したのを覚えている。私は、神戸の大学で見たことや他大学を訪問した際に感じたこと、また聞いたことなどを考慮して「日本の国立大学では働きたくない」と説明した。彼らは有名な国立大学なら良いに違いないと想像していたようで、私の意志を聞いてショックを受けただろうと思う。結局私は国立大学で八年以上働くことになるのだが、ショックを受けたのはむしろ私自身だった。

日本の学界は他国と比べてとにかく閉鎖的で、私自身、約二年かかっても大学での就職先が見つからず、二〇〇〇年末にはアメリカへの帰国を決めていた。最終学位が日本有数の有名大学で、授賞歴もあり、妻子が日本人であっても、外国人を採用しようという大学は皆無に近かったのである。

その後、私は大阪大学への応募を勧められるのだが、非公式の面接で吹き出してしまった。なぜなら「これまで、なぜ大学で勤務しなかったのか？」と聞かれたからである！　けっして勤務したくないから勤務してこなかったわけではない（ちなみにこのときの昼食会は、記憶が正しければ構内にある平凡な食堂で行われ、学内ではそれが唯一ゲストを招くことのできる場所だった。その後私は学長に、学際的な交流に適したファカルティ・クラブに食堂を改装する具体的な提案をしたことがある。提案は当然無視された）。ちなみに質問をした人は、大学での生活しか知らない人で、学生からすぐに助手（教員・研究助手）となり、学外での実践的経験のないまま今に至っていることを後に知った。彼は、日本の大学教員が陥る誤りの典型のような人だった。彼は大学院で研究科長となり、部署を「リード」するのではなく「管理」した。彼は日本型クォーター制が示す意義の真反対にいる一人だった。

今、日本は喉から手が出るほど優秀な人材を欲している。大学は口ではそう訴えるが、実際の行動はミニマムなアプローチがせいぜいだ。その結果、実用的なレポートを書けず、外国語スキルも外国への理解も欠如した学生が輩出されている。ソフト・パワーの影響力は制限されるどころか現実に悪化しており、「日本は死んだ」というイメージが生まれている。

ここで日本がすべきは「生きている」と反論することではなく、生きているどころか活況にあると国際社会に「示す」ことである。本書で概説したようなダイナミックなアプローチが求められているのである。

おわりに

「明日死ぬと思って生きなさい、永遠に生きると思って学びなさい。」
——マハトマ・ガンジー（一八六九～一九四八）

私は本書を通じ、日本が直面している教育、社会、広報、外交的な課題を説明し、これらを乗り越える本格的な改革の必要性を訴え、私が提唱する「日本型クォーター制（ジャパン・クォーター・システム：ＪＱＳ）」を導入した際のメリットを詳述してきた。このシステムは、日本の現行会計年度や社会的な行事日程にも適合している。そして現在多くの点で非効率で、国内外の知的・政策的な議論への参加に支障となっているセメスター制や、最近取り入れられた不完全な三学期制・四学期制やメリットが不明である九月入学の導入に比べ、はるかに優れていると確信している。日本の大学、地域、地方、社会全体の協力体制形成を促して日本の活力を取り戻す青写真となれば幸いだ。

現在、日本はさまざまな改革を模索中だが、中途半端で慎重に過ぎる印象を受ける。もっと包括的で大胆なアプローチが必要だろう。特に二〇一二年一二月に始まった第二次安倍政権を私は前向きに捉えているが、それでもこの提言が受け入れられるとは楽観できない。

批判を招くリスクを承知のうえで（かつ読者への変わらない敬意を抱きつつ）述べるが、私は多くの日本人が新しいアイデアを試すことに消極的だと強く感じている。それどころか日本人は新しいアイデアに出会うと、潜在的な問題解決に助け舟を出すより、その問題を指弾してすぐに葬ろうとしてしまう。この傾向は地方で特に強い。私が大学で勤務した一〇年弱は、常に「ぜひやりましょう」ではなく「できるわけがない」という反応と雰囲気ばかりだった。安倍政権には経済再建、安全保障、外交政策の正常化などそれぞれに優先順位があるとは思うが、同じ力で日本の将来を左右する高等教育改革に注目とエネルギーを注いでほしい。

私は三〇年の日本滞在を経て、日本人とアメリカ人の最大の違いは、新しいアイデアへの態度だという結論に達した。アメリカ人は新しいアイデアを尊重するのが普通で、実行するのに何か問題があれば、成功するしないにかかわらず問題を克服する方法を懸命に探し出そうとする。問題が現れるのは当然で、解決・解消するものだからだ。諦めるものではない。それに対して日本人、特に四〇代もしくは五〇代以上の人々は新しいチャレンジに対し、何かしらの問題があったり前例がなかったりすると一切の前進を阻み、新しいアイデアはあえなく潰えてしまう。私自身、そんな場面を何百回と見てきた。そのたび、日本人の同僚に対するリスペクトは少しずつ失われていった。日本人ほど新しく大胆な構想を受け入れない国民はいない、と結論せざるを得ないほどだった。もし日本人や日本の大学は新しい考えを受け入れないし、行動もしないという見方が誤りだと反論したい読者がいれば、ぜひ私の提言を受け入れ、実現することで証明していただきたい。

日本では長年、教育改革が必要とされてきた。東日本大震災の後、その考えはさらに高まっている。大学改革は個別の問題と見なされ、大学や教育システムの改革をしても、大学と地域、国、より広いグローバル社会との関係改善は全く行われていない。しかも新型コロナウイルスでこの状況はさらに悪化しかねない。でも同時にチャンスでもある。

私の提言は、実現に伴う潜在的困難が少ない。道路封鎖などではなく、せいぜいスピードバンプ程度だろう。それでもかつての大阪大学では（提言を聞いた若手教員の誰もが理解を示して支持を表明したにもかかわらず）年上の教員たちから反対された。「はじめに」で言及したように、この事実は私が大学を辞任した理由の一つだった。そして日本の大学の新しい物事への消極的姿勢への抵抗と、声を上げない（上げられない）若手教員に代わって主張する必要性から、私は提言を発表しようと決意した。社会における大学の役割と、さらに重要な日本の再生を支える能力について議論を促すためである。アメリカの元副大統領夫人、バイデン博士が述べたように、大学は国を前進させる秘密兵器となる可能性がある。私は、かつて提言に反対した人々が、障害物の一角であり続けるよりも、問題解決の一翼となることを望んでいる。およそ三〇年の間に敬愛するようになった日本の多くの人たちに私の提言を伝えたいと思ったのは、そのような理由からである。

これまで官僚によってミニマリスト的アプローチで進められてきた大学改革は、高等教育に関して日本にほとんど何ももたらさなかった。本書の提言の採用は、日本の将来に絶対に必要だと信じている。逆に、導入しなければ日本の行方はますます暗いと心配している。特にコロナ禍の世界では。今がこの提言を公にする絶好のタイミングだと考えた。

大きな組織は迅速な方向転換が難しいことから、よく航空母艦に例えられる。大学も組織が大きく、同じことがいえる。グローバル化という荒海ではなおさら難しいだろう。しかし大学も他の大きな組織のように、進路を変えなければならない。将来の日本と国際社会の利益のためにもだ。同じく船でたとえるならば、日本の大学は沈没しつつあるのに、忙しい教員たちは自分の船室にこもって上昇する水位が目に入らず、乗っている船がほとんど水没していることに気付いていないようなものだ。しかしながら、大学は断じて大学当局や教員だけのものではない。私立であろうと国公立であろうと、大学は国の資産である。つまり日本国民の、ひいては国際社会全体の資産なのである。残念ながらこうしたビジョンは、旧来型の政治家や官僚に実現できるとは思えない。

これからも、貧困、紛争、パンデミック、医療、エネルギー、資源確保など国際社会が直面するあらゆる課題に日本の見識、経験、視野が求められるだろう。この見識をさらに発展・向上させ、洗練させる唯一の方法は、高いレベルの献身的な研究と教育、そして私の提言する日本型クォーター制のもとで大学が生み出す相乗効果に地域社会を巻き込むことである。

日本の再生、また国際社会への非軍事的貢献には評価が高く機敏な大学が不可欠である。だからこそ企業やシンクタンク、メディア、地方自治体・教育委員会、財団、NGO、NPOなど社会のさまざまな主体、すなわち日本の人々が大学と手を携えて大学改革に取り組み、その背中を押してやることが極めて重要なのである。私の提案がその議論の青写真として役立つことを願っている。

上記で「非軍事的な」とは書いたが、同時に国のため、大学は研究などの分野で自衛隊ともっと協力的姿勢を取ってほしい。また自衛官のための高等教育の機会をより多く提供し、また通常の学生に対しては国防などについて学ぶ機会を増やしてほしい。

そしてさらに、私は読者の方からのフィードバックを期待している。私の提言やそこに含まれるアイデアについて、そして読者が住む地域や身近な大学が日本型クォーター制を導入したときの状況について、意見や手応えをお伺いしたい。そのためにフェイスブックおよびメールでのアカウントも用意した。いずれネット上で、世界において日本の立ち位置や高等教育への貢献の可能性について、建設的な意見交換をするフォーラムを開設するときの土台になればと考えている。

日本は四〇年前に予測された「ナンバーワン」にはならなかった。しかし、もう一度挑戦できない理由はない。

Facebook: Reform the Universities
e-mail: reformtheuniversities@gmail.com

謝辞

私は本書が、大学改革に向けた「唯一の」解決策とは考えていない。しかし数多くの課題と長年の不景気、東日本大震災後の頓挫した社会という問題への提言としてはベストなものと確信している。多くの時間、エネルギー、熟慮を費やした本書の提言は、数多くの方々の協力と支援で実現できた。ここでその感謝を述べたいと思う。

まず、晃洋書房の阪口幸祐さんの尽力でこの本は実現した。阪口さんを紹介してくださった近藤隆己氏に感謝している。近藤さんとは、共通の友人である作家・高嶋哲夫氏の『巨大地震の日』（集英社新書）を私が英訳した際に知り合った（*Megaquake: How Japan and the World Should Respond*, Potomac Books, 2015）。彼は有限会社風企画のディレクターとして教育分野の本などを複数出版しており、そのうちの一冊では私が推薦文を書いた。以降、さまざまな場所で会い、情報共有や意見交換をさせてもらっている。本書についても貴重な助言をもらい、読みやすくするためのリライトもしてもらった。

また以前の職場である大阪大学大学院国際公共政策研究科（ＯＳＩＰＰ）の同僚、特に星野俊也教授と村上忠詩教務係長をはじめ、栗栖薫子准教授（現在は神戸大学教授）、簗島健太郎氏、川村翠氏、OSIPP支援室（OSO）の皆さんには非常にお世話になった。同研究科の院生たちも、さまざまな課題や日本の将来像について多くの示唆を与えてくれた。神戸大学大学院法学研究科の五百旗頭真教授（現・同大学名誉教授。防衛大学校校長・熊本県立大学理事長を経て、現在は兵庫県立大学理事長でもある）の研究室で共に学んだ仲間たちのあたたかい友情と協力、そして諸課題についての情報共有や意見交換に感謝している。

本書の草稿を最初に執筆したのは、北海道大学で客員准教授を務めた時期であった。同大学のデイビッド・ウルフ博士とは、大学改革と高等教育の国際比較について意見交換ができた。また奥さまの中地美枝博士は日米欧の高等教育に明るく、彼女から得た知見に感謝している。

各国の研究者とも意見交換を行った。特にカリフォルニア大学ロサンゼルス校のロバート・カーズナー教授、我が母校リンチバーグ大学のケネス・ガレン学長、ジュリアス・シグラ副学長、エドワード・ポロウェイ氏、故チャック・シュル教授、SERVEディレクターのクリス・ギボンズ氏、教育実習と教員資格担当のコニー・メッサーシュミット氏、そして副学長代理であるマイ・ノーマイル氏とアネット・スタッドハー氏に御礼を申し上げる。

かねてより、イノベーティブで学生や地域を中心とした教育を実践し、家族的な環境であった母校リンチバーグ大学の教壇に立つことは、一つの夢であった。しかし私は日本という素晴らしい国で日本人と共にあることを望み、日本に残ることを選んだ。私の提言が二つの世界を一つにし、より国際的・学際的で積極的な日本が実現することを期待している。

教育、ビジネス、外交、その他の課題については本、論文、新聞や雑誌の記事から大いに学習した。多岐にわたることから全てをここでは記せず、参考文献リストとして別に挙げておく。

世界各地、特に日本のメディア、政府、教育機関、ビジネス、その他の分野の友人・知人と意見交換を行った。多くの方々は私の懸念を共有し、日本の高等教育に同じく不満があることを知った。特に、グレゴリー・クラーク博士、佐和隆光氏（元滋賀大学学長）、故・中島峰雄氏（秋田国際教養大学初代学長）、パトリック・ニューエル氏（東京インターナショナルスクール創立者）、大阪市内で活躍している匿名のベテラン教育者K・K氏、そして読売新聞（当時）の斎藤治氏。全てを記すことはできないほど、取材し、意見交換した方々は多い。そのアイデアや希望、意見の違いや反論は私の議論をより明確なものにしてくれた。

日本人の皆さんに、ぜひ理解してほしいことがある。日本にいる外国人の多くは、日本社会に貢献し、第二の故郷である日本が成功することを強く望んでいる。今や外国人は「日本社会に欠かせない存在」となっている。そのことは本書の重要なテーマの一つだ。しかし悲しく皮肉なことに、これは日本人を納得させるのが最も難しいテーマでもある。一定の外国人を受け入れ、活躍する機会を与えれば、日本はグローバルな時代で大きく成功できるだろう。逆にいえば、そうしなければ日本は衰退し、無視される小さな国となる可能性が高い。これは世界にとって大きな損失だ。

二〇〇四年四月、国際交流基金日米センターが主催した「日米関係樹立一五〇周年記念シンポジウム」におけるパネルディスカッションで、私は次のように述べた。


「アメリカだけが夢を実現できる場所ではなく、日本もそうなりつつある」


私は一九九〇年に来日したが、当時と二〇二〇年を比べると在日外国人にとってのチャンスはより多く、そして多様になっている。日本社会が真の意味で開かれ、日本にいる全ての人々がそれぞれの夢を実現できる国により一層なってほしい。

日本は二〇一一年三月一一日に発生した東日本大震災を踏まえ、これまで以上に多くの面で再びリーダーシップをとる必要がある。震災の犠牲者、そして今も生活再建に挑んでいる人々に対し、私たちはその義務を負っている。日本の大学は変化することで社会に刺激を与え、日本を明るい未来に導く手助けをしなければならない。私はこの大災害で多くを学んだ。日本社会もそうだろう。

もはや日本の大学は、象牙の塔に座って変化を求めるだけでは十分とはいえない。かつてマハトマ・ガンジーは「世界を変えたいなら、まず自分が変わりなさい」といった。日本の大学、特に教員とスタッフは改良と前進を迫られている。

本書は、日本のよりよい未来を信じ、日本の活性化において中心的役割を果たす可能性を認識している大学内外の読者を対象としている。ぜひ、私が提示するモデルを活用してほしい。

私はこの本を妻にささげる。妻は、本書で紹介したほとんどのエピソードを共に経験し、その過程で自分自身についての多くのことを教えてくれた。妻は常に私を信じてくれた。日本で最も有名な大学の一つの准教授のポストを辞し、アメリカ海兵隊での任務のために沖縄に移り住み、そしてまた関西に戻ってきたが、それらの転職の成功は彼女や子どもたちのサポートがあってのものだ。よりよい日本社会の希望を共有し、支えてくれる妻・永未子、娘・愛未、そして息子・貴南に「ありがとう!」。妻の両親である亮介さんと富貴子さん、姉・亜希子さん、兄・裕之さん。来日から三〇年、そばにいることのできない我が母の故モリーン、兄弟の故トーマス、マイケル、ジョン、パトリシア。それぞれの家族の支えに感謝している。特にライターの道を志している長女の愛未には、原稿を出版社に送る前に厳しくチェックしてもらった。父親として誇りに思う。

本書が日本の大学改革の助けとなり、つまりは日本がより国際社会に貢献できる国へと生まれ変わったとき、私は自らの仕事を全うできたと感じるだろう。

兵庫県川西市清和台にて

ロバート・D・エルドリッヂ

九月入学について

最近話題になっている「九月入学」は本書で部分的に検証してきたが、新型コロナウイルス問題によって注目されていることから改めて論じておきたい。

私は九月入学そのものに原則として反対するものではないが、メリットとデメリットを明らかにしなければ賛否を明らかにする意味がない。「九月入学で何を解決しようとしているのか」、あるいは「九月入学を導入しなければどのような問題が存在するか」をきちんと説明しなければならないだろう。

二〇二〇年四月に全国知事会が緊急声明を発表し、「パラダイムシフト」として政府に九月入学の検討を求めたことから話題になった。共同提案者の一人である大阪府の吉村洋文知事は「世界標準に合わせていくことは非常に重要」と述べ、東京都の小池百合子知事も「賛否両論あるところではあるが、こういう時期だからこそできることもあろうかと思う」とした。

だが私は、これで日本が「世界標準」になるとは思えない。またこの時期、効果が少なく負担の大きいチェンジをする必要はないと思っている。むしろ学年度を春からスタートするという文化的な側面をはじめ、就職時期や行政・企業の会計年度なども含めて社会全体に悪影響を及ぼす可能性があり、デメリットの方が多いのではないか。

プラスアルファとしての九月入学という選択肢であれば、必要とする帰国子女や家庭、あるいは海外からの留学生にとってのメリットとなるが、国民全員、社会体制全体をシフトさせるほどのものではない。本書で提言する、日本の社会慣行・会計年度に合った日本型クォーター制の導入の方がより優先的な課題だろう。

注

まえがき

（1）詳細について，拙著［2017］を参照．
（2）内閣府『平成28年版高齢社会白書』，63頁（https://www8.cao.go.jp/kourei/whitepaper/w-2016/zenbun/pdf/1s3s_3.pdf）．
（3）ヴォーゲル［1979］，フリードマン・ルバード［1991］．80年代の議論について，村田［1999］を参照．
（4）このテーマについて面白い著作として，Schodt［1994］を参照．
（5）語学力が果たして上がっているかどうかの議論はあるが，地方や小規模の学校では，このプログラムによる国際化への確実な効果が出ている．またこのプログラムは，招聘する人々に日本を知る機会を提供し，親日的になることが期待されている．この戦略について，五百旗頭［2012：152］を参照．
（6）“Survey: Japan 2nd Most Favorably Viewed Nation,” *The Daily Yomiuri*, April 20, 2010.
（7）ANNニュース「『国や社会を変えられる』と思う若者は5人に1人」2019年12月3日（https://headlines.yahoo.co.jp/videonews/ann?a=20191203-00000012-ann-bus_all）．
（8）“Japan Suffered 14,192 Suicides from January to June,” *The Japan Times*, July 9, 2013.
（9）「自殺者数9年連続減，37年ぶりの低水準：未成年は2年連続の増加」*Nippon.com*，2019年1月29日付．最新のデータによれば未成年の死因の1位はがんに代わって自殺であった．
（10）Sawa［2013］, *The Japan Times*, June 24.
（11）Rosenbluth and Thies［2010：155］で引用されている．
（12）“Japan Companies Shut Out of Forbes List of Asia’s Top 50,” *The Japan Times*, September 13, 2011.
（13）Barboza［2010］（http://www.nytimes.com/2010/08/16/business/global/16yuan.html/?pagewanted=all&_r=0）．
（14）ソフト・パワーの概念について，ナイ［1990］，Nye［2004］．なお，Watanabe and McConnell eds.［2008］は日米の比較で議論している．
（15）Sakanaka［2019］．
（16）この議論に関しては，諸橋［2008］を参照．
（17）佐和［2013：233］．関連する議論は，Sawa［2013］, *The Japan Times*, May 20

へ転載されている.

(18) "Editorial: Gap-year System Starts," *The Japan Times*, May 19, 2013, また "Gap Year Students Share 'Real World' Plans," *The Japan News*, May 13, 2013.

(19) 東京大学「2019年度の学事暦について（2019年３月28日更新）」(https://www.u-tokyo.ac.jp/ja/students/classes/gakujireki.html).

(20) "Waseda University Plans to Switch from 2-Semester to 4-Term System in 2013," *The Mainichi Daily News*, March 1, 2012.

(21) Ito［2011］.

第一章

(22) Kamenetz［2010］を参照.

(23) Schlesinger［1992：103］.

(24) 例えば，現役の研究科長や元研究科長たちは，追加的な研究費が必要ない時でも，文部科学省の科学研究費などに常に申請するよう圧力をかけていた.

(25) 世界平和研究所編［2011：１］.

(26) "China Overtakes Japan as World's Second Biggest Economy," *Bloomberg News*, August 16, 2010 (http://www.bloomberg.com/news/2010-08-16/china-economy-passes-japan-s-in-second-quarter-capping-three-decade-rise.html, accessed August 5, 2011).

(27) Forbes［2009：222］.

(28) 諸橋［2008：５］.

(29) 復員兵援護法について，Kamenetz［2010：12］. 彼女の両方の祖父は同法を活用したという.

(30) White［1982：4］.

(31) 中村［2006］.

(32) 山中［2012］.

(33) Kristof and WuDunn［2000：191］.

(34) Tapscott and Williams［2008］.

(35) ワーク・ライフ・バランスの議論について，小室［2017］.

(36) "Flawed Recruiting System Sparks Some to Fight Back," *The Japan Times*, January 28, 2011.

(37) Dyson［2011］. この論点は，新しい中小企業に対する助言を行うことについてのものであったが，大学に対しても応用できる.

第二章

(38) "Countries Hosting the Most Foreign Students" (http://worldatlas.com).

(39)「最も外国人留学生を受け入れている国」(http://worldatlas.com).

(40) アメリカ政府は外国人留学生のビザ取得をますます困難にしており，また高等

教育にかかる高額な費用が学校に通いにくくしているが，それでも実際に勉強する学生が増えている．アメリカの動向の詳細については，国際教育研究所のウェブサイト（https://www.iie.org/opendoors）を参照．

(41) “Semester Conversion: Frequently Asked Questions...With Answers,” University of Alabama, undated draft（http://www.opt.uab.edu/q2snew/FAQ.htm）.

(42) 大学の数は，786校（国立86，公立93，私立607），入学者63万1273（そのうち4分の1は東京都で15万195人），短期大学の数は331校（公立17校，私立314校），入学者5万1306（そのうち，10分の1は東京都で5090人）．文部科学省「令和元年度学校基本調査」（https://www.mext.go.jp/b_menu/toukei/chousa01/kihon/1267995.htm）を参照．

(43) アメリカでは夏休みが長いため，帰省中の学生たちは地元の2カ年または4カ年のコミュニティ・カレッジ（community college）で必須科目などをとる場合が多い．

(44) “The Quarter System,” The University of Chicago The Law School website（http://www.law.uchicago.edu/prospective/thequartersystem.html）.

(45) “Debate: Semesters or Quarters”（http: //www. senate. ucla. edu/SenateVoice/Issue3/Debate_Semesters_Or_Quarters.htm）.

(46) “E-mail correspondence with Vice President and Dean of Lynchburg College,” Dr. Julius Sigler, February 12, 2008.

(47) 面白いことに，ワーク・ライフ・バランスの議論は1960年代からアメリカで始まったが，最近それに注目しだした日本では，「仕事」を先に置いて翻訳している．つまり，「仕事と生活の調和」である．政府の取り組みについては，http://www8.cao.go.jp/wlb/を参照．

(48) この部分は，次の報告書より部分的に引用している．“Draft: Why is UAB Converting from a Quarter to a Semester System?” Semester Conversion: Frequently Asked Questions...With Answers（http: //www. optuab. edu/q2snew/FAQ.htm）, and “Report of the Ad Hoc Committee to Study the Calendaring System, April 26, 1993,” California Polytechnic State University（http://www.capoly.edu/acadsen/Documents/Calendaring.htm）.

(49)「サバティカル」という言葉は，ギリシャ語の「安息日（サバティカス）」に由来している．したがってサバティカル休暇とは，所定の間隔で休息，勉強，旅行，その他の目的のために職場を欠席できる期間（1年，2年など）を意味する．悲しいことに，日本で実用的なサバティカル制度を整備している大学はほとんどなく，また整備されている大学でもほとんどの教員が活用できていない．例えば私が在籍した大学院では，30名以上の教員がいたが誰もサバティカル制度を使っていなかった．

(50) Kirsner［2003］の投稿より引用している．

(51) Kirsner［2003］.

(52) この発言は，“Chronicle of Higher Education”（高等教育誌）のウェブサイトで行っていた教育関係の公開フォーラムに投稿した教育者のものだった.

(53) “Report of the Ad Hoc Committee to Study the Calendaring System.”

第三章

(54) “Perspectives: Debate on Fall University Enrollment Could be Segue to Fundamental University Reform,” *The Mainichi Daily News*, July 29, 2011 (http://mdn.mainichi.jp/perspectives/news/20110729p2a00m0na001000c.html), and “Fall Enrollment at University of Tōkyō Could Have Far-reaching Effects,” *The Mainichi Daily News*, August 12, 2011 (http://mdn.mainichi.jp/features/news/20110812p2a00m0na014000c.html).

(55) Chavez［2012］.

(56) 常勤の教員は実行者（Executive）コースで，例えば半日か一日で教える場合，そのコースから取得する収入より報酬が支給される．学外の専門家も，コースの非常勤講師として依頼することも可能だ.

(57) http://www.mext.go.jp/b_menu/shingi/chukyo/chukyo4/gijiroku/015/06101201/002/002.htm

第四章

(58) 例えば私が勤務した以前の大学では，当時，私は研究科で唯一の外国人教員であり，その割合はわずか３％（33人中１人）だった．非常勤教員などを含める場合，割合は２％に低下する．大学全体の教員と職員を入れて計算すると，その数は０％に近い数字となる.

(59) 日本の各研究所の活性化に関する提言について，拙論［2019］.

第五章

(60) 日本学生支援機構「2019（令和元）年度外国人留学生在籍状況調査結果」(https://www.jasso.go.jp/about/statistics/intl_student_e/2019.html)．なお，コロナ問題で日本に留学しにきている，あるいは，仕事をしている外国人は生活が困っており，今後，日本が留学先，仕事先として魅力のある国であり続けることができるかは，日本政府の対応次第だ［Imahashi 2020］.

(61) “University Challenge” *Japan Journal*, October 2008.

第六章

(62) 日本におけるギャップ・イヤーについて，Ito［2011; 2013; 2013］を参照．またカリフォルニア大学ロサンゼルス校卒業生のスージー・ストラトナーはギャップ・イヤー制度の10の利点を紹介している．① 大学の成績が上がる，② 専攻分野

を選ぶ前に自らの興味を確認できる，③絶好の年齢で冒険ができる，④他人より早く，人生において最も大切なことが分かる，⑤新しい環境への適応能力が身につく，⑥話のネタが増える，⑦履歴書のレベルアップ，⑧高校では気付けなかったこと，理解できなかったことが分かる，⑨考える時間が与えられる，⑩新しい友達ができる．Suzy Strutner, "10 Reasons You Should Take a Gap Year," *The Huffington Post*, November 30, 2013 (http://www.huffingtonpost.com/2013/11/30/gap-year_n_4325969.html) を参照．

ただし筆者は，ギャップ・イヤー制度で本当に恩恵を受けられるのは意欲的で集中力のある，成熟した一部の若者だけだと思っているので，ギャップ・イヤーにあまり賛成できない．何より17〜18歳の若者のほとんどは，まだ正しい方向を向いて集中できるほど成熟していない．また人生経験，情報，人脈の全てが少なく，ギャップ・イヤーの機会をフルに活用できる可能性は少ない．ならば筆者が提唱する日本型クォーター制に参加する大学に行けば，相当な人脈を構築できるし，さまざまな刺激や経験もできる．何を学べば良いか，何を体験すべきかもより正しく判断できるだろう．

(63) SERVEのウェブサイト（http://www.lynchburg.edu/serve.xml）を参照．

(64) 日本学生支援機構編「学生ボランティア活動に関する調査報告書」(2006年3月)．同報告書の要約は，次のウェブサイト（http://www.jasso.go.jp/syugaku_shien/houkoku_02.html）にあるが，76頁に及ぶ報告書そのものは，機構に直接問い合わせる必要がある（情報を提供してくださった大阪大学の山内直人教授と同研究室の奥山直子氏，質問に応じてくださったJASSOの北島良介氏に感謝している）．調査は2005年11月，全国211大学（国立大学43校，公立大学9校，私立大学150校）で5000人の2年生，3年生を対象に実施された．このうち4036人（80.7%）の学生，202校（95.7%）の大学が回答した．引用されたデータについては，1頁と6頁を参照．

(65) 日本学生支援機構（JASSO）のウェブサイトによれば，JASSOは独立行政法人通則法（平成11年法律第103号）および独立行政法人日本学生支援機構法（平成15年法律第94号）に基づき，日本育英会において実施してきた日本人学生への奨学金貸与事業，日本国際教育協会，内外学生センター，国際学友会，関西国際学友会の各公益法人において実施してきた留学生交流事業及び国が実施してきた留学生に対する奨学金の給付事業や学生生活調査等の事業を整理・統合し，学生支援事業を総合的に実施する文部科学省所管の独立行政法人として2004年4月1日に設立された．

(66) 日本学生支援機構編「大学等におけるボランティア活動の推進と環境に関する調査結果について」(https://www.jasso.go.jp/about/statistics/volunteer/__icsFiles/afieldfile/2015/10/09/summary.pdf)．

(67) 日本学生支援機構編「平成19年度学生ボランティアに関する調査」2008年3月 (https://www.jasso.go.jp/gakusei/archive/__icsFiles/afieldfile/2015/11/04/

houkoku_01_h19.pdf).

(68) システムの充実化が必要と筆者は考え，災害ボランティアの全国登録制度の導入を提言している．Eldridge［2019］.

(69) 日本学生支援機構編「平成19年度学生ボランティア活動に関する調査」，22頁.

(70) 7万人という数字はアメリカの全留学生数の1.7%に過ぎない.

(71)「アメリカにおける留学生の統計」を参照（https://www.fulbright.jp/study/directory/basic.html).

(72) Roger［2011］.

(73) Registrar's Office, UCLA, Calendars Administrative and Academic 2009-2010 (http://www.registrar.ucla.edu/calendar/acadcal09.htm).

(74) 拙論［2020］.

第七章

(75) Chen［2018］(https://www.communitycollegereview.com/blog/why-obama-is-hailed-as-the-community-college-presidentを参照).

(76) Chen［2018］.

(77) Chen［2018］.

(78) 長年リンチバーグ大学は，複数の学部や大学院を持っているので"university"と位置付けていいのだが，あえて"college"と呼んできた．2018年にようやく名称を"University of Lynchburg"に変更した.

(79) The University of Lynchburg "Access" ホームページを参照（https://www.lynchburg. edu/undergraduate-admission/for-applicants/transfer-and-access-adult-student-guide/access-adult-students/).

第八章

(80) Friedman［2005］より表現を借りている.

第九章

(81) Beech［2008］.

(82) Portland Communications, *Soft Power 30 Index 2019* (https://softpower30.com/country/japan/).

(83) ソフト・パワーの低下について，Li［2018］(https://foreignpolicy.com/2018/08/20/the-rise-and-fall-of-soft-power/)を参照.

(84) Noonan［2008：168］.

参考文献

〈欧文献〉

Amano, Ikuo. "Globalization and Higher Education Reforms in Japan: The Obstacles to Greater International Competitiveness," *Nippon.com* (March 11, 2014).

Anholt, Simon. "Branding Places and Nations," in Rita Clifton, ed., *Brands and Branding*. London: Economist Books, 2003, 206–216.

Anholt, Simon. *Engagement: Public Diplomacy in a Globalized World*. London: Foreign & Commonwealth Office, 2008.

Atoda, Naosumi. "A Privatization Plan for Japan's National Universities," *Japan Echo*, Vol. 24, No. 2 (June 1997), 34–39.

Bain, Ken. *What the Best College Teachers Do*. Cambridge: Harvard University Press, 2004.

Barboza, David. "China Passes Japan as Second-Largest Economy," *New York Times*, August 15, 2010

Beech, Hannah. "Japan Reaches Out," *Time*, December 1, 2008.

Blanchard, Ken, et. al. *Who Killed Change? Solving the Mystery of Leading People through Change*. New York: William Morrow, 2009.

Bok, Derek. *Our Underachieving Colleges: A Candid Look at How Much Students Learn and Why They Should Be Learning More*. Princeton: Princeton University Press, 2007.

Bok, Derek. *Universities in the Marketplace: The Commercialization of Higher Education*. Princeton: Princeton University Press, 2003.

Bradford, Annette. "Changing Trends in Japanese Students Studying Abroad," *International Higher Education*, No. 83 (Special Issue 2015), 22–23.

Brandon, Craig. *The Five-Year Party: How Colleges Have Given Up on Educating Your Child and What You Can Do About It*. Dallas: BenBella Books, 2010.

Carey, Kevin. *The End of College: Creating the Future of Learning and the University of Everywhere*. New York: Riverhead Books, 2015.

Chavez, Amy. "Is Japan's Enrollment Season Really a Problem?" *The Japan Times*, March 3, 2012.

Chen, Grace. "Why Obama is Hailed as the Community College President," *Community College Review*, August 7, 2018.

Chino, Keiko. "Public Diplomacy Reconsidered," *Global Forum of Japan (GFJ) E-Letter*, Vol. 7, No. 6 (October 1, 2014).

Christensen, Clayton M., and Henry J. Eyring. *The Innovative University:*

Changing the DNA of Higher Education from the Inside Out. San Francisco: Jossey-Bass, 2011.

Clavel, Teru. *World Class: One Mother's Journey Halfway Around the Globe in Search of the Best Education for Her Children*. New York: Atria Books, 2019.

Cottom, Tressie McMillan. *Lower ED: The Troubline Rise of For-Profit Colleges in the New Economy*. New York: The New Press, 2017.

Craig, Ryan. *College Disrupted: The Great Unbundling of Higher Education*. New York: Palgrave Macmillan, 2015.

Craig, Ryan. *A New U: Faster + Cheaper Alternatives to College*. Dallas: BenBella Books, 2018.

Davidson, Cathy N. *The New Education: How to Revolutionize the University to Prepare Students for a World in Flux*. New York: Basic Books, 2017.

DeHart, Jonathan. "Asia University Rankings Published by Times Higher Education," *The Diplomat*, April 11, 2013.

Delbanco, Andrew. *College: What it Was, Is, and Should Be*. Princeton: Princeton University Press, 2012.

Dyson, Esther. "'Venture Mentors' Can Give as Big a Boost to Startup Companies as a Capital Infusion," *The Japan Times*, August 1, 2011.

Eldridge, Robert D. "Time for a National Volunteer Registry," *The Japan Times*, November 7, 2019.

Faust, Drew Gilpin. "The Role of Education in Creating Global Citizens," *International House of Japan Bulletin*, Vol. 30, No. 1 (2010), 2–9.

Forbes, Steve. *How Capitalism Will Save Us: Why Free People and Free Markets Are the Best Answer in Today's Economy*. New York: Crown Books, 2009.

Friedman, Thomas L. *The world is flat : a brief history of the twenty-first century*. New York : Farrar, Straus and Giroux, 2005.

Haffner, John, Tomas Casas i Klett, and Jean-Pierre Lehmann. *Japan's Open Future: An Agenda for Global Citizenship*. London: Anthem Press, 2009.

Harano, Jōji. "Getting More Young People to Study Abroad–and Companies to Hire Those Who Do," *Nippon.com* (September 3, 2013).

Harter, Jim, and Marcus Buckingham. *First, Break All the Rules: What the World's Greatest Managers Do Differently*. New York: Gallup Press, 2016.

Hatakenaka, Sachi. "What's the Point of Universities? The Economic Role of Universities in Japan," *Japan Forum*, Vol. 22, Nos. 1–2 (2010), 89–119.

Horvat, Andrew. "Criticizing Youth Will Not Make Them Go Abroad," *Nippon.com* (January 8, 2013).

Imahashi, Rurika. "Japan's Foreign Students Struggle to Stay and Study Amid Pandemic, " *Nikkei Asian Review*, May 10, 2020.

"Interview with Hamada Junichi Shifting to Autumn Enrollment: A Change in Global Awareness," *International House of Japan Bulletin*, Vol. 32, No. 2 (2012), 25-35.

Inuzuka, Noriko. "University Reform for Gender Equality in Japan," *Gender Law and Policy Annual Review*, No. 4 (2006), 163-171.

Ito, Fumihiko. "Universities Seek to Utilize Gap Years," *The Daily Yomiuri*, December 26, 2011.

Ito, Fumihiko. "Gap Year Students Share 'Real World' Plans," *The Japan News*, May 13, 2013.

Ito, Fumihiko. "Editorial: Gap-year System Starts," *The Japan Times*, May 24, 2013.

Kameda, Masaaki. "University of Tokyo May Switch to Quarters," *The Japan Times*, June 30, 2013.

Kamenetz, Anya. *DIY U: Edupunks, Edupreneurs, and the Coming Transformation of Higher Education*. White River Junction, VT: Chelsea Green Publishing, 2010.

Kariya, Takehiko. "Confused Thinking about Equality and Education," *Japan Echo*, Vol. 37, No. 6 (December 2000), 8-13.

Kariya, Takehiko. "Higher Education and the Japanese Disease," *Nippon. com* (April 16, 2012).

Kariya, Takehiko. "Japanese University Reforms and the Illusion of International Competitiveness," *Nippon.com* (March 12, 2014).

Kirsner, Robert S. "Professor's Perspective: Quarter System Best for Students, Faculty," *Daily Bruin*, January 28, 2003.

Kristof, Nicholas D., and Sheryl WuDunn. *Thunder from the East: Portrait of a Rising Asia*. New York: Alfred A. Knopf, 2000.

Kurlantzick, Joshua. *Charm Offensive: How China's Soft Power is Transforming the World*. New Haven: Yale University Press, 2007.

Kusnet, David. *Love the Work, Hate the Job: Why America's Best Workers Are More Unhappy Thank Ever*. Hoboken, NJ: John Wiley and Sons, 2008.

Levin, Robert C. "Top of the Class: The Rise of Asia's Universities," *Foreign Affairs*, Vol. 89, No. 3 (May-June 2010), 63-75.

Lewis, Harry. R. *Excellence Without a Soul: Does Liberal Education Have a Future?* New York: Public Affairs, 2006.

Li, Eric X. "The Rise and Fall of Soft Power," *Foreign Policy*, August 20, 2018.

Matsuura, Yoshimitsu. "Restructuring at National Universities: Implications for the Future of Higher Learning," *Nippon.com* (May 12, 2017).

Maurrasse, David. *Beyond the Campus: How Colleges and Universities Form*

Partnerships with their Communities. New York: Routledge, 2001.
McKinsey and Company, ed. *Reimagining Japan: The Quest for a Future that Works*. Tokyo: Viz Media, 2011.
Noonan, Peggy. *Patriotic Grace: What It Is and Why We Need It Now*. New York: Harper Collins, 2008.
Nye, Joseph S., Jr. *Soft Power: The Means to Success in World Politics*. New York: Public Affairs, 2004.
Peters, Tom. *Thriving on Chaos: A Handbook for a Management Revolution*. New York: Alfred A. Knopf, 1988.
Poole, Gregory S. "Higher Education Reform in Japan: Amano Ikuo on 'The University in Crisis'," *International Education Journal*, Vol. 4, No. 3 (2003), 149–176.
Pulvers, Roger. "Is 'Galapagos-Thinking' Japan Back at Its Evolutionary Dead End," *The Japan Times*, January 23, 2011.
Putnam, Robert D., and Lewis M. Feldstein. *Better Together: Restoring the American Community*. New York: Simon and Schuster, 2003.
Rosenbluth, Frances McCall, and Michael F. Thies. *Japan Transformed: Political Change and Economic Restructuring*. Princeton: Princeton University Press, 2010.
Sakanaka, Hidenori (translated by Robert D. Eldridge and Graham B. Leonard). *Japan as an Immigration Nation: Demographic Change, Economic Necessity, and the Human Community Concept*. Lanham: MD, Lexington Books, 2019.
Salmi, Jamil. *The Challenge of Establishing World-Class Universities*. Washington, D.C.: The World Bank, 2009.
Sawa, Takamitsu. "For a More 'Friendly' Japan," *The Japan Times*, May 20, 2013.
Sawa, Takamitsu. "Top Students Shunning Japan," *The Japan Times*, June 24, 2013.
Schlesinger, Arthur M. Jr. *Disuniting of America: Reflections on a Multicultural Society*. New York: W. W. Norton and Co., 1992.
Schodt, Frederik L. *America and the Four Japans: Friend, Foe, Model, Mirror*. Berkeley: Stone Bridge Press, 1994.
Selingo, Jeffrey J. *College (Un)Bound: The Future of Higher Education and What It Means For Students*. Boston: Houghton Mifflin Harcourt, 2013.
Shapiro, Robert J. *Futurecast: How Superpowers, Populations, and Globalization Will Change the Way You Live and Work*. New York: St. Martin's Press, 2008.
Smith, Steven. "Elderly Blocking Young Workers," *The Japan Times*, September 6, 2012.
Snow, Nancy. "Opinion: Japan's Universities Need More Global Ties," *The Japan*

Times, July 27, 2018.
Snow, Nancy. "Opinion: Turning Japan' s Universities into Genuine Global Players," *The Japan Times*, June 16, 2015.
Strutner, Suzy. "10 Reasons You Should Take a Gap Year," *The Huffington Post*, November 30, 2013.
Tapscott, Don. and Anthony D. Williams. *Wikinomics: How Mass Collaboration Changes Everything*. New York: Penguin, 2008.
Taylor, Mark C. *Crisis on Campus: A Bold Plan for Reforming Our Colleges and Universities*. New York: Alfred A. Knopf, 2010.
Tazawa, Yuri. "Do Your Usual Work Wherever You Like–Revitalizing the Whole of Japan through Teleworking," *Sophia Online/Yomiuri Online*, undated.
Watanabe, Yasushi and David L. McConnell, eds. *Soft Power Superpowers: Cultural and National Assets of Japan and the United States*. Armonk, New York: M. E. Sharpe, 2008.
White, Theodore H. *America in Search of Itself*. New York: Warner Books, 1982.
Wildavsky, Ben. *The Great Brain Race: How Global Universities are Reshaping the World*. Princeton: Princeton University Press, 2010.
Yonezawa, Akiyoshi. "Much Ado about Ranking: Why Can't Japanese Universities Internationalize?"*Japan Forum*, Vol. 22, Nos. 1–2 (2010), 121–137.
Yunus, Muhammad. *A World of Three Zeros: The New Economics of Zero Poverty, Zero Unemployment, and Zero Net Carbon Emissions*. New York: Public Affairs, 2017.
Yunus, Muhammad. *Building Social Business: The New Kind of Capitalism that Serves Humanity's Most Pressing Needs*. New York: Public Affairs, 2010.
Yunus, Muhammad. *Creating a World Without Poverty: Social Business and the Future of Capitalism*. New York: Public Affairs, 2007.
Zielenziger, Michael. *Shutting Out the Sun: How Japan Created its Own Lost Generation*. New York: Doubleday, 2006.

〈邦文献〉

青木宗也『大学論：大学「改革」から「大学」改革へ』大学基準協会，1996年.
青木保「アジアの大学」『中央公論』第120巻第11号（2005年11月），26–27頁.
赤田達也「50歳からの大学院受験マニュアル」『現代』第42第 4 号（2008年 4 月），66–75頁.
朝井リョウ「なぜ僕たちは『就活』におびえるか」『中央公論』第128巻第 2 号（2013年 2 月），44–49頁.
新雅史「大学の専門学校化と衰退する『知』」『論座』第157号（2008年 6 月），120–125頁.

有本章・山本慎一編『大学改革の現在』東信堂，2003年.
アンホルト・サイモン「競争力のある国家アイデンティティを」『外交フォーラム』第223号（2007年２月），14-20頁.
五百旗頭真「知日派なくして日本外交は成立しない」『中央公論』第127巻第15号（2012年11月），146-153頁，特に152頁.
石川好「大学のリーダーには学者よりも経営者：私の実践的大学改革論」『中央公論』第121巻第２号（2006年２月），104-111頁.
石渡嶺司「広報戦略なき大学に未来なし」『中央公論』第124巻第２号（2009年２月），76-85頁.
市川昭午『未来形の大学』玉川大学出版部，2001年.
猪木武徳「海外の日本研究が退潮傾向：薄れる存在感　無知招く」『日本経済新聞』2008年４月９日（夕刊），20頁.
猪口邦子「今後の国際社会と日本の政局：対外的影響力の減退をどう食い止めるか」『アジア時報』第471号（2011年11月），34-61頁.
猪口孝「21世紀日本人が創造的であるために：国際化時代の高等教育」『中央公論』第15巻第11号（1985年11月），282-304頁.
岩崎保道「大学経営破綻：その時どうなる学生，負債，再建」『中央公論』第128巻第２号（2013年２月），70-75頁.
岩田雅明『大学の戦略的広報：学校を変える秘密兵器』ぎょうせい，2014年.
潮編集部「『教育』大学が倒産する時代がやってくる：どうなる『人口減少社会』」『潮』第566号（2006年４月），92-93頁.
映像産業振興機構（VIPO）「ジャパン・コンテンツの発信力」『外交』第３号（2010年11月），48-53頁.
エズラ・F・ヴォーゲル（広中和歌子・木本彰子訳）『ジャパン アズ ナンバーワン：アメリカへの教訓』TBSブリタニカ，1979年.
江藤淳「私立大学の理想像」『江藤淳著作集　６』講談社，1967年，109-121頁.
江藤淳「大学その神話と現実」『江藤淳著作集　６』講談社，1967年，122-132頁.
海老原嗣生「現実を知っている下位大学の『強み』とは：アカデミズムの府を捨て，『補習の府』へ―」『中央公論』第128巻第２号（2013年２月），50-57頁.
大澤信一「シニアの独立・転職が地方を変える：『高付加価値化したニッチ市場』で輝くシニアの知恵」『Voice』第455号（2015年11月），184-193頁.
大沢陽一郎「東日本大震災後の日本：長く険しい日本再生の担い手として，柔軟に考え，行動できる若者に期待―」『就職に強い大学　2012年版』読売新聞社，2011年，10-11頁.
大塚英志『大学論：いかに教え，いかに学ぶか』講談社現代新書，2010年.
小倉和夫「『国際財』の真の価値こそ世界に発信しよう」『中央公論』第119巻第10号（2004年10月），210-217頁.
小倉和夫「ソフトパワー論の死角」『をちこち』2006年６月・７月号，60-65頁.

小倉和夫「日本の『自己規定（アイデンティティ）』と逆転の発想」『外交』第３号（2010年11月），54-61頁.
大村敦志・伴ゆりな「留学生教育に関する一資料：東京大学大学院法学政治学研究科（民法専攻）の場合」『書斎の窓』第594号（2010年５月），７-15頁.
大森ふじお「私が『ゆとり教育』を真っ向批判する理由」『正論』2000年10月号，248-257頁.
越智道雄「『文化多元主義』の光芒と『内なる国際化』」『外交フォーラム』第232号（2006年６月），42-45頁.
海部優子「日米関係と日系人の将来：日系人は日米関係の原動力となりうるのか」『外交フォーラム』第232号（2007年７月），58-61頁.
学術研究フォーラム編『大学はなぜ必要か』NTT出版会，2008年.
「学生ボランティア活動に関する調査報告書」独立行政法人日本学生支援機構，2006年３月.
樫田美男「大学院格差問題から考える社会科学系学会の新機能」『書斎の窓』第604号（2011年５月），54-58頁.
片山卓也「世界に通じる大学システムの構築に向かって」『外交フォーラム』第243号（2008年10月），23-25頁.
金子将史「パブリック・ディプロマシーと国家ブランディング」『外交』第３号（2010年11月），24-32頁.
兼原信克「21世紀の日本外交を担う君たちへ：日本の国家戦略」『外交フォーラム』第232号（2007年７月），66-73頁.
苅谷剛彦『学校・職業・選抜の社会学：高卒就職の日本的メカニズム』東京大学出版会，1991年.
苅谷剛彦『アメリカの大学・ニッポンの大学：TA・シラバス・授業評価』玉川大学出版部，1992年，改訂版：中公新書ラクレ，2012年.
苅谷剛彦『変わるニッポンの大学：改革か迷走か』玉川大学出版部，1998年.
苅谷剛彦『教育改革の幻想』ちくま新書，2002年.
苅谷剛彦『教育と平等：大衆教育社会はいかに生成したか』中公新書，2009年.
苅谷剛彦『イギリスの大学・ニッポンの大学 カレッジ，チュートリアル，エリート教育』中公新書ラクレ，2012年.
苅谷剛彦『オックスフォードからの警鐘：グローバル化時代の大学論』中公新書ラクレ， 2017年.
苅谷剛彦「『中流崩壊』に手を貸す教育改革」『中央公論』2000年７月号，148-163頁.
川上和久「中国の後塵を拝する日本の国際宣伝力」『中央公論』第120巻第10号（2005年10月），158-165頁.
河崎善一郎「大学生サバティカル論」『R&D News Kansai』第431号（2006年３月号），１頁.
北岡伸一『グローバルプレイヤーとしての日本』NTT出版，2010年.

北城恪太郎「企業が採用したい人間はどこにいる」『中央公論』第128巻第2号（2013年2月），30–35頁.
木村誠『消える大学　生き残る大学』朝日新書，2014年.
君島東彦『留学の達人』増進会出版社，1997年.
久保利英明「それでも法科大学院は必要だ：逆風のなか，あえて言う」『中央公論』第128巻第2号（2013年2月），76–81頁.
グレゴリー・クラーク『なぜ日本の教育は変わらないのですか』東洋経済新報社，2003年.
小林哲夫「就職に強い大学の秘密を探る：合言葉は『フリーター，ニートを出さない』」『中央公論』第121巻第2号（2006年2月），88–95頁.
小林哲夫『ニッポンの大学』講談社，2007年.
小室淑恵「ワーク・ライフ・バランス：少子高齢化に対応する『働き方』実現が急務に」*Nippon.com*，2017年5月10日付.
近藤誠一「文化の力で日本と外交をもっと元気にしよう」『外交』第3号（2010年11月），16–23頁.
渥美国際交流財団関口グローバル研究会編『SGRAレポート87　日本の高等教育のグローバル化!?』SGRA，2019年.
笹沢教一「『クール・ジャパン』の真実：バークレーの報告」『読売クオータリー』2010年夏号，62–73頁.
佐藤スコット「世界を知るグローバル人材が求められている」『外交フォーラム』第243号（2008年10月），32–33頁.
佐和隆光『日本経済の憂鬱：デフレ不況の政治経済学』ダイヤモンド社，2013年.
澤谷敏行・河口浩・五藤勝三『大学職員のための人材育成のヒント：失敗事例から学ぶケースワーク28の視点』関西学院大学出版会，2014年.
潮木守一・竹内洋「対談　教養の砦から若年失業者の収容所へ：大学転落物語」『中央公論』第121巻第2号（2006年2月），67–76頁.
茂木賢三郎「人づくりができない国は没落する：私の実践的大学改革論」『中央公論』第121巻第2号（2006年2月），116–119頁.
下村みつこ「日本のソフトパワー『共振化』で日本の使命を果たせ」『外交フォーラム』第205号（2005年8月），74–79頁.
ジョージ・フリードマン／メレディス・ルバード（古賀林幸訳）『「第二次太平洋戦争」は不可避だ』徳間書店，1991年.
ジョゼフ・ナイ（久保伸太郎訳）『不滅の大国アメリカ』読売新聞社，1990年.
世界平和研究所編「教育改革草案」2011年.
關谷武司『世界へ挑む君たちへ：実践型グローバル人生教育論』関西学院大学出版会，2016年.
世耕石弘『近大革命』産経新聞出版，2017年.
竹内洋『大学の下流化』NTT出版，2011年.

竹田正直編『地域経済のグローバル化と大学教育の再編』共同文化社，2005年
橘木俊詔『東大vs京大：その“実力”を比較する』祥伝社，2016年.
橘木俊詔『早稲田と慶応：名門私立の栄光と影』講談社現代新書，2008年.
田中愛治「早稲田大学における4学期制（Quarter制）導入の背景と目的」『大学教育』第13巻第1号（2015年10月），11-24頁.
タン・ジョンレク「元留学生からひとこと：日本の留学生政策への提言」『外交フォーラム』第243号（2008年10月），18-20頁.
手塚義雅「『多文化共生社会』に向けた日本の課題：外国人児童に対する教育行政の現場から」『外交フォーラム』第215号（2006年6月），60-63頁.
童成倩「中国のソフトパワー戦略の強みと弱み」『外交』第3号（2010年11月），33-41頁.
永井道雄『大学の可能性』中央公論社，1969年.
長崎大学生涯学習教育研究所センター運営委員会編『地域と向き合う大学を考える』長崎大学生涯学習教育研究所センター，2002年.
中村伊知哉「クール・ジャパンを外交・産業政策にいかに生かすか」『外交』第3号（2010年11月），42-47頁.
中村修二「研究者に『金儲け』をさせよ：私の実践的大学改革論」『中央公論』第121巻第2号（2006年2月），112-115頁.
中村浩一「学生に『来て頂きたく』大学入試の始まり：競争，定員確保，学力低下」『中央公論』第121巻第2号（2006年2月），77-87頁.
永守重信『奇跡の人材育成法：どんな社員も「一流」にしてしまう！』PHP研究所，2008年.
「日本の論点」編集部編『10年後の日本』文藝春秋，2005年.
2010年大学改革研究会『大学改革2010年への戦略』PHP研究所，1996年.
野原明『日本の教育：今家庭で学校で』丸善，1993年.
納富信留「大学の再生と哲学の使命」関沢洋一編『第四回読売論断新人賞入選論文集’九八』読売新聞社，1999年，103-124頁.
濱口桂一郎・海老原嗣生「管理職を目指せない自由を：『四十歳定年制』より大事なこと」『中央公論』第127巻第16号（2012年12月），50-55頁.
原田曜平「学力を捨て，『ケータイ』へ向かった十代」『中央公論』第120巻第4号（2005年4月），58-68頁.
阪大フロンティア研究機構編『社会と大学は連携から「融合」へ』大阪大学出版会，2003年.
藤倉雅之『大学院へ行こう』講談社現代新書，2005年.
藤渡辰信『21世紀への大学改造計画：他業種以上に深刻な構造不況脱却のために』日本教育研究所，2000年.
文藝春秋編「10年後の『格差社会』」『文藝春秋』第85巻，第3号（2007年2月），94-113頁.

増田昌文『大学は学生になにができるか：「学生を元気にさせる」大学改革とは』プレジデント社，2003年.
町井輝久『大学教育改革における大学・地域パートナーシップの開発過程に関する国際比較研究』北海道大学高等教育機能開発総合センター障がい学習計画研究部，2006年.
松井克明「『人材輩出企業』の実態：マッキンゼー，アクセンチュア……」『中央公論』第127巻第16号（2012年12月），64-71頁.
松井影彦「秋入学と英語講義：現場重視の大学改革を」『中央公論』2013年7月，12-13頁.
松本紘『京都から大学を変える』祥伝社，2014年.
宮本みち子「若者の自立と『社会的学力』」『読売クオータリー』2010年夏号，104-113頁.
村田晃嗣「『国際国家』の使命と苦悩：1980年代の日本外交」五百旗頭真編『戦後日本外交史』有斐閣，1999年.
諸橋裕『消える大学、残る大学：全入時代の生き残り戦略』集英社，2008年.
諸橋裕・鈴木典比古『弱肉強食の大学論：生き残る大学，消える大学』朝日新書，2014年.
山内昌之「日本を説明する力，世界を理解する力：私の実践的大学改革論」『中央公論』第121巻第2号（2006年2月），120-123頁.
山田昌弘「希望格差社会とやる気の喪失」『中央公論』第120巻第4号（2005年4月），42-49頁.
山本正「日本の不在：今こそ必要な人的ネットワーク」『外交フォーラム』第258号（2010年1月），18-21頁.
山中伸弥「論文で勝って開発で負ける日本を変えたい：私が京都マラソンを走った理由」『中央公論』第127巻第16号（2012年12月），102-109頁.
横田雅弘「『留学生三〇万人計画』実現のために何が必要か」『外交フォーラム』第243号（2008年10月），26-29頁.
横田雅弘・小林明編『大学の国際化と日本人学生の国際志向性』学文社，2013年.
ロバート・D・エルドリッヂ『トモダチ作戦：気仙沼大島と米軍海兵隊の奇跡の“絆”』集英社，2017年.
ロバート・D・エルドリッヂ『人口減少と自衛隊』扶桑社，2019年.
ロバート・D・エルドリッヂ「小規模シンクタンクに支援を」『世界日報』2019年12月17日付.
ロバート・D・エルドリッヂ「中小企業こそインターンを」『世界日報』2020年4月23日付.
若月秀夫「教育改革と学力」『読売クオータリー』2010年夏号，114-123頁.
鷲田小彌太「大学教授に冬来たる，か？：少子化と制度改革がもたらしたもの」『中央公論』第124巻第2号（2009年2月），60-67頁.

《著者紹介》

ロバート・D・エルドリッヂ（Robert D. Eldridge）

1968年米国ニュージャージー州生まれ．政治学博士．

フランス留学後，米リンチバーグ大学卒業．その後，神戸大学大学院で日米関係史を研究．大阪大学大学院准教授（公共政策）を経て，在沖アメリカ海兵隊政治顧問としてトモダチ作戦の立案に携わる．2015年から国内外の数多くの研究機関，財団，およびNGO・NPOに兼任で所属しながら，講演会，テレビ，ラジオで活躍中．防災，地方創生や国際交流のコンサルタントとして活躍している．

主な著書・受賞歴に『沖縄問題の起源』（名古屋大学出版会，2003年）（サントリー学芸賞，アジア・太平洋賞受賞），『尖閣問題の起源』（名古屋大学出版会，2015年）（大平正芳記念賞，国家基本問題研究所日本研究賞奨励賞受賞）．一般書として『オキナワ論』（新潮社，2016年），『トモダチ作戦』（集英社，2017年），『人口減少と自衛隊』（扶桑社，2019年）など多数．

教育不況からの脱出
日本型クォーター制という選択

2020年7月10日　初版第1刷発行

著　者　ロバート・D・エルドリッヂ ©
発行者　萩原淳平
印刷者　藤森英夫

発行所　株式会社　晃洋書房
京都市右京区西院北矢掛町七
電話　075（312）0788番（代）
振替口座　01040-6-32280

編集協力　近藤隆己
印刷・製本　亜細亜印刷(株)
装幀　HON DESIGN(小守　いつみ)
ISBN 978-4-7710-3367-2

Japan's Educational Recession and the Path Out of It
Introducing a Quarter System for Japanese Universities and Society as a Whole

By Robert D. Eldridge, Ph.D.

This book is the first ever to explore in detail the merits of employing a Quarter System in Japan's underperforming universities, almost all of which are ranked low internationally and in the Asia-Pacific region despite the country's economic might. It argues that a Japan Quarter System should benefit not only everyone in the university community– faculty, students, and staff alike– but can also be utilized by the private and public sectors to reinvigorate the workforce and bring about greater collaboration between universities and society, especially the immediate surrounding community. This deepened partnership will further enhance Japan's ability to contribute internationally, economically and intellectually, thus fueling future growth, people-to-people exchange, and the flow of ideas and information.

Table of Contents

Please visit the Facebook page, "Reform the Universities," or contact reformtheuniversities@gmail.com for more information

Published in 2020 by Koyo Shobo
7 Kitayakakecho, Saiin, Ukyo-ku, Kyoto, Japan 615-0026
http://www.koyoshobo.co.jp/